Napf, Der Schultes

Karl Napf

Der Schultes

Anekdoten ums Rathaus

Mit Zeichnungen
von Mechtild Schöllkopf-Horlacher

Theiss

CIP-Titelaufnahme der Deutschen Bibliothek

Napf, Karl:
Der Schultes : Anekdoten ums Rathaus / Karl Napf. –
Stuttgart : Theiss, 1991
ISBN 3-8062-0868-9

Umschlaggestaltung:
Mechtild Schöllkopf-Horlacher, Stuttgart

© Konrad Theiss Verlag GmbH & Co., Stuttgart 1991
Alle Rechte vorbehalten
Satz und Druck: Gulde-Druck GmbH, Tübingen
Printed in Germany
ISBN 3-8062-0868-9

Vorwort

»Greift nur hinein ins volle Menschenleben! ... Und wo Ihr's packt, da ist's interessant.« Diese Erkenntnis Goethes gilt auch für die 99 hier vorgelegten Anekdoten aus dem kommunalen Leben in Baden-Württemberg.

In der Anekdotensammlung »Der Schultes« wird, soweit ersichtlich, erstmals versucht, der Fülle des kommunalen Lebens im Lande in seiner ganzen Buntheit und gelegentlichen Skurrilität gerecht zu werden. Oberbürgermeister, Beigeordnete und kommunale Beamte, Bürgermeister, Bauraschultes, Ortsvorsteher, die Damen und Herren Gemeinderäte und ihre Bürger werden hier in ihrer regionalen und menschlichen Vielfalt erkennbar.

Mancher Leser wird nach der Lektüre sagen: »'s gibt sotte und sotte, aber halt mehr sotte.« »Rund ums Rathaus« sollen die liebenswerten Schwächen der Gestalter des kommunalen Lebens glossiert werden, ohne zugleich den Zeigefinger zu erheben.

Die Kenntnis der Anekdoten verdankt der Autor jahrzehntelangen Erfahrungen im Landesdienst sowie Berichten von »Korrespondenten« in allen Landesteilen. Zu danken hat er insbesondere Herrn Oberbürgermeister a.D. Gerhard Palm,

Vaihingen/Enz, der ihm seine umfangreichen Aufzeichnungen überließ. Herzlicher Dank gebührt auch Herrn Bürgermeister Robert Hollerbach, Walldürn, dem Leiter des Freilichtmuseums Neuhausen ob Eck, Wolfgang Kramer, dem Leiter der Badischen Landesstelle für Volkskunde, Dr. Bernhard Oeschger, Herrn Ortsvorsteher Siegfried Retter, Schwäbisch Hall-Gailenkirchen, Bürgermeister a.D. Erich Specht, Schwäbisch Hall, und nicht zum geringsten meinen Freunden im Horber Stadtrat.

Nordstetten, im Frühjahr 1991   Karl Napf

Inhalt

Vorwort
5

Oberbürgermeister und ihr Hof
9

Bürgermeister –
Respektspersonen und Schlitzohren
23

Bauraschultes und Ortsvorsteher
43

Rat und Räte
53

Auf dem Standesamt
71

Wahlen zum Gemeinderat
77

Rund ums Rathaus
89

Die »gute« alte Zeit
111

Kernproblem der Demokratie

»Der Minister der Finanzen muß nach vieler Pfeife tanzen«, wußte schon Grillparzer, der nicht nur Dichter, sondern auch Finanzbeamter war. Was auf die Finanzminister zutrifft, gilt aber auch für die vielen Kämmerer bei den Kreisen und Städten, die den Haushaltsplan aufstellen müssen. Kein Wunder, daß sich einem solchen Kämmerer in der Tuttlinger Gegend, der mit seinem Vorschlag im Kreistag unterlegen war, der Seufzer entrang: »Ich hab recht und ihr habt die Mehrheit.« Aber selbst im Landtag und im Bundestag soll sich diese Situation immer wieder ergeben.

Guten Appetit

In Baden-Württemberg – mit über 900 Museen das museumsfreudigste Land Deutschlands – werden jährlich Dutzende von Museen neu oder wieder eröffnet. Zu einem besonderen Erlebnis für die beteiligten Regierungsvertreter wurde allerdings die Eröffnung eines bemerkenswert schönen Zweigmuseums des Württembergi-

schen Landesmuseums in einer Stadt auf der Ostalb.
Nach den obligaten Reden, bei denen sich der Herr Oberbürgermeister mit seiner Beschimpfung der Stuttgarter Bürokratie hervortat, und einem Rundgang durch das überaus gelungene Museum kam man zum eigentlichen Höhepunkt, dem kalten Buffet, das außerordentlich üppig ausgefallen war. Der Herr Oberbürgermeister ergriff wieder das Wort und meinte, das prächtige Buffet stehe keineswegs im Widerspruch zu den knappen finanziellen Verhältnissen seiner Stadt. Man habe das Ganze vielmehr äußerst preisgünstig im Strafvollzug herstellen lassen, und er wünsche allen einen guten Appetit!

Freud und Leid des Ruhestands

Ein hoher kommunaler Beamter in einer baden-württembergischen Großstadt, der seinen Geschäften mit viel Engagement nachgegangen war, war in den Ruhestand getreten. Einige Zeit danach wurde sein Nachfolger von einem Ministerialbeamten teilnahmsvoll gefragt, wie es denn dem alten X gehe, dem würde doch sicher sein »Geschäft« sehr fehlen. »'s G'schäft weniger«, antwortete der Nachfolger lachend, »aber d' Sauferei hinterher!«

Respekt, Respekt!

Ein Regierungsdirektor in einer baden-württembergischen Großstadt hatte den gleichen exquisiten Friseur wie ein Beigeordneter dieser Stadt, der für sein »sportliches Flair« bekannt war. Da beide vorübergehend in der gleichen Behörde gedient hatten, erkundigte sich der Beamte immer wieder einmal nach seinem Karrierekollegen und fragte den Friseur eines Tages: »Hat der Bürgermeister X immer noch diese Mulattin«, was dem Barbier aber zu weit ging. »Sie«, antwortete er dem neugierigen Juristen »Sie, send Se no vorsichtig, man sagt, das sei sogar eine Prinzessin!«

Bürgerfreundliche Gesichter gesucht

Ein Bürgermeister in Baden-Württemberg und anderswo ist meist ein sogenannter »bürgernaher« Mensch. Intellektuelle, in ihrem Unvermögen, sich in die Volksseele zu versetzen und sich allgemeinverständlich auszudrücken, haben in diesem Beruf in der Regel keine Chance. Daher ärgerte sich auch der Oberbürgermeister einer namhaften Stadt im mittleren Neckarraum, der zugleich Mitglied des Landtages war, daß er von Unkundigen aufgrund seines »akademischen Aussehens« oft mit »Herr Doktor« angesprochen wurde. Als er im Landtag von einem jungen Ministerialbeamten wieder einmal devot mit »Herr Doktor« angeredet wurde, antwortete er deshalb kurz und ehrlich: »Ich bin nicht Doktor, ich sehe nur so komisch aus.«

Grenzen der Oberbürgermeister-Macht

In einer großen Kreisstadt des Landkreises Ludwigsburg geschah vor einiger Zeit ein Vorfall, der geradezu symbolischen Gehalt hatte, weshalb die »Leonberger Kreiszeitung« auch umfassend darüber berichtete. Der als besonders standfest bekannte Oberbürgermeister war eines Tages geradezu raketengleich aus seinem Amtszimmer geschossen gekommen, was auf dem Rathaus zu allerlei Spekulationen Anlaß gab. Aber nicht etwa eine militante Bürgerinitiative hatte ihn vertrieben, sondern der wackere Oberbürgermeister hatte schlicht vor einem Wespenschwarm, der in sein Dienstzimmer eingedrungen war, Reißaus genommen. Es ist eben schon so, wie es in der Apostelgeschichte (26,14) heißt: »Es wird Dir schwer sein, wider den Stachel zu löcken«, was für einen Oberbürgermeister nicht nur bezüglich Wespen gelten soll, sondern auch für die großen stacheligen Gruppen in seiner Gemeinde.

Auf den Hund gekommen

In den kommunalen Parlamenten – nicht anders als im Landtag oder Bundestag – sind für die Verwaltung die Themen am gefährlichsten, bei denen jeder mitreden kann, weil die Angelegenheit nicht allzuviel Vorstellungskraft erfordert. Ein geradezu klassisches Thema dieser Art für die Gemeinderäte, das fast in jeder Haushaltsdebatte auftaucht, ist die Hundesteuer. Bekanntlich hinterlassen die Hunde im Stadtbild fast mehr Spuren als mancher Gemeinderat in seinem politischen Wirken, weshalb bei diesen Debatten eine unversöhnliche Kluft zwischen Hundebesitzern und Hundekotopfern über alle politischen Gruppierungen hinweg zu entstehen pflegt.

Pech hatte ein früherer Oberbürgermeister von Vaihingen/Enz, als in einer Patt-Situation die Erhöhung der Hundesteuer nur mit seiner Stimme beschlossen wurde. Nachdem ein Hundehalter schon vorher in einem Leserbrief eine entsprechende »Verwarnung« ausgesprochen hatte, setzte er nach der Abstimmungsniederlage seine Drohung in die Tat um und ließ seinen »Flocki« beim abendlichen Ausgang sein »Geschäft« stets vor dem Eingang des Oberbürgermeister-Grundstücks verrichten, womit er bewies, daß der Oberbürgermeister eigentlich recht gehabt hatte.

Ungewöhnliche Ehrung

Die Zeit, in der Knaben nach Kaisern und Königen »Wilhelm« getauft wurden, ist lange vorbei, und auch die »Adolfs« blieben Episode. Um so ungewöhnlicher ist es, wenn heute einmal ein Kind nach einem Oberbürgermeister benannt wird. Diese hohe Ehrung wurde dem Oberbürgermeister von Schwäbisch Hall zuteil. Aber nicht etwa wegen Verhinderung eines Atomkraftwerks oder Straßenprojekts, sondern »nur«, weil er sich in überaus ritterlicher und fürsorglicher Weise um eine schwangere Besucherin aus der damaligen »DDR« kümmerte, als diese ein Unwohlsein befallen hatte. Sie war von des Oberbürgermeisters Verhalten so beeindruckt, daß sie spontan gelobte, »wenn es ein Sohn wird, wird er Karl-Friedrich getauft.«

Vielseitiges Talent

In den siebziger Jahren wurden höhere Beamte des »hohen« Staatsministeriums einmal an einem Wochenende zu einem Kurzlehrgang über »Arbeitsmethodik« einberufen. »Ich mache am liebsten immer zehn Sachen gleichzeitig«, sagte dabei der Persönliche Referent des Ministerpräsidenten. »Schade«, meinte daraufhin ein boshafter Kollege, »da wären Sie als Kellner groß rausgekommen!« Aber der Referent suchte sich einen ganz anderen Job, bei dem er auch alle Hände voll zu tun haben sollte; er wurde Kämmerer einer württembergischen Mittelstadt, wo man sogar mit ihm zufrieden war.

Selbsterkenntnis

Ein menschlich und politisch schwieriges Problem ist es immer, wenn verdiente Bürgermeister nach 20 und mehr Jahren erfolgreicher Amtsführung in relativ hohem Alter noch einmal kandidieren wollen. Daher war man auch in einer ostwürttembergischen Stadt in den sechziger Jahren sehr darauf gespannt, wie sich der allseits geschätzte, tatkräftige Bürgermeister verhalten würde, dessen zweite Amtsperiode ziemlich genau mit seinem 65. Lebensjahr endete. Einer Wiederwahl hätte damals nichts im Wege gestanden und zwar für eine ganze Amtszeit und nicht nur für drei Jahre, und er hatte auch oder gerade, weil er als gradliniger Mann

auch unpopuläre Entscheidungen nicht vermieden hatte, gute Aussichten, wieder gewählt zu werden.
Bei einer »Nachsitzung« im »Goldenen Fuchs« sprachen ihn deshalb ihm befreundete Stadträte darauf an, »ob er denn nicht doch . . .«. Der lebenskluge Schultes aber verwies darauf, daß so manche alten Männer in Gefahr gerieten, ihre eigenen Fehler nicht mehr zu erkennen und zu korrigieren. »Und sehen Sie« – so sagte er wörtlich –, »wenn ich nun eine schöne Treppe gebaut habe, so will ich nicht hinterher als einer dastehen, der ihre oberste Stufe vollgekotzt hat.«
So entschied sich ein weiser Mann, dessen Beispiel – nicht nur in der Kommunalpolitik – Schule machen sollte.

Bodenständige Oberschwaben

Ein Stuttgarter Ministerialbeamter, den man wegen eines Zuschusses in eine schöne oberschwäbische Kreisstadt gelockt hatte, war im Laufe seines Lebens schon viel herumgekommen, zumal er nach dem Krieg »mit dem Rucksäckle auf dem Buckel« ins Land gekommen war. Auf dem Weg zum obligaten opulenten

Mittagessen hörte er daher mit respektvollem Neid zu, wie beim Anblick einer schönen Kirche ein hochrangiger kommunaler Beamter erklärte: »In dieser Kirche bin ich getauft worden, hier empfing ich die erste heilige Kommunion und die Firmung, hier habe ich geheiratet, hier wurden meine Kinder getauft und hier wird einmal mein Requiem sein.«
Glückliches Land, in dem solch eine Lebensplanung noch möglich ist!

Wie Du mir, so ich Dir!

In München pflegt man zu sagen: »Man muß Gott für alles danken, auch für Ober-, Mittel- und Unterfranken.« Auf baden-württembergische Verhältnisse übertragen, müßte es freilich heißen: »Man muß Gott für alle Regionen danken, vor allem aber für die von Franken.«
Diese schöne Gegend ist zwar wirtschaftlich lange ein Sorgenkind gewesen, und böse Menschen erwogen sogar, sie »passiv zu sanieren«. Das Frankenland mit seiner Hauptstadt Heilbronn hat aber stets trotz oder gerade wegen der wirtschaftlichen Schwierigkeiten in allen Bevölkerungsgruppen kernige Menschen mit ur-

wüchsigem Humor hervorgebracht. Als zum Beispiel nach dem Krieg die Weinbergmauern im stark zerstörten Heilbronn wieder hochgemauert werden mußten, meißelte ein Maurer, dem die schwere Arbeit offenbar zuviel geworden war, am Wartberg in eine Weinbergmauer unmißverständlich das »Götz«-Zitat ein, beschmierte es aber, mit einem Rest von Scham, noch mit Lehm. Dieser wurde dann im Laufe der Zeit weggewaschen und der Stein mit der volkstümlichen Inschrift wurde in Heilbronn zum Stein des Anstoßes. Doch der damalige Oberbürgermeister Meyle, populärer Volkstribun der Aufbaujahre, wußte Rat. Kurzentschlossen ließ er unter den »unmöglichen« Stein die Worte setzen: »Wart no a Weile, OB Meyle!«

Rauh, aber herzlich

Eine berühmte, um nicht zu sagen berüchtigte Erscheinung unter den Oberbürgermeistern des 19. Jahrhunderts in Württemberg, war der legendäre Paul Hegelmaier in Heilbronn. Auf Lebenszeit gewählt, steuerte er einen eigenwilligen, aber erfolgreichen Kurs für die alte Reichsstadt und war nach mancherlei Kämpfen nach 20 Jah-

ren freiwillig zurückgetreten. Wie so mancher Bürgermeister am Ende seiner Amtszeit war er recht frustriert, was er in seinem sogenannten »Abschied« deutlich zum Ausdruck brachte.
Der »Abschied« lautete:

»Leckt mich im Arsch.
Ich blas aus Dir,
Du Stadt der Krämerseelen,
heut meinen Abschiedsmarsch.
An Narrenstreichen
wird es nie Euch fehlen,
doch mehr an Licht.
Leckt mich im Arsch.
Mein Willkomm' einst
war fast zu überschwenglich,
der Abschied scheint
vielleicht etwas zu barsch.
Das kommt daher:
Wir kannten uns zu wenig,
jetzt aber nur zu gut.
Leckt mich im Arsch!«

Freudsche Fehlleistung

Der Pfarrer war neben Bürgermeister und Lehrer immer eine Stütze der Gesellschaft auf dem Dorf, wobei in den letzten Jahrzehnten der Einfluß der Bürgermeister noch gewachsen ist, der Wirkungskreis der Pfarrer aber im Zuge des Materialismus – der im Osten immer Staatstheorie war, bei uns aber seit langem gängige Praxis ist – ständig zurückging. So traf ein Mädchen bei einer Schulabschlußfeier im Kreis Waldshut die Machtsituation in der Gemeinde auch durchaus richtig, als sie ihren Vortrag mit den Worten begann: »Hochwürdiger Herr Bürgermeister, sehr geehrter Herr Pfarrer.«

Der »verendete« Pfarrer

Ein Hohenloher Schultes war nach Tirol in den wohlverdienten Urlaub gefahren und hatte die Rathausbediensteten zuvor streng vergattert, die Urlaubsruhe nur bei Brand- oder Todesfällen zu stören. Doch schon in den ersten Urlaubstagen kam ein Anruf aus der Heimat im Kolonialwarenladen des kleinen Urlaubsortes an, wo auch die Poststelle eingerichtet war. Die Posthalterin, die den Anruf entgegennahm, war entsetzt, als man ihr in Hohenloher Mundart mitteilte, der Gemeindepfarrer sei verreckt, und der Bürgermeister von X in der Pension Y solle doch zurückrufen.

Als gläubige Katholikin beschloß sie, die schreckliche Nachricht etwas schonender weiterzugeben und teilte dem Herrn Bürgermeister mit, der Gemeindepfarrer sei »verendet«. Dieser wunderte sich über diese merkwürdige Formulierung war aber gleichwohl sehr erschrocken, weil der Pfarrer noch relativ jung und in der Gemeinde sehr beliebt war. Auf dem Weg zum Telefon formulierte er in Gedanken schon die Grabrede und haderte mit dem Schicksal. Kaum hatte er sich in gesetzter Form nach den näheren Umständen des Todesfalles und dem Zeitpunkt der Beerdigung erkundigt, als er, zum abermaligen Entsetzen der lauschenden Kaufmannsfrau, in helles Lachen ausbrach. Schmunzelnd erklärte er ihr dann das Mißverständnis, nicht der Gemeindepfarrer, sondern der Gemeindefarren war »verreckt« bzw. »verendet«, und auf dem Rathaus wollte man nur wissen, was zu tun sei.

Heut kommt einer nicht mehr heim

In der Nachkriegszeit war in einem Wallfahrtsstädtchen im badischen Odenwald der frühere Bürgermeister, der schon vor der Nazizeit dort sehr erfolgreich gewirkt hatte, in das Amt des Bürgermeisters berufen worden. Er war ein gescheiter, untadeliger Mann, aber auch er hatte seine Feinde. In der Opposition im Gemeinderat gegen ihn tat sich vor allem ein Kleinbauer hervor, der sich in der Rolle des Volkstribunen gefiel und sich recht demagogisch gebärdete.
Dieser witterte seine große Stunde, als der Bürgermeister angezeigt wurde, er sei bei der Verwendung von Notstandsarbeitern recht großzügig verfahren und habe sie auch bei Bau und Pflege seines privaten Anwesens eingesetzt. Es kam zur Gerichtsverhandlung, und viele Neugierige und Schadenfrohe füllten den Saal. Der aufwieglerische Stadtrat lief frohlockend umher und verkündete jedem, der es hören wollte: »Heut kümmt ener nimme heem.« Der Bürgermeister aber wurde freigesprochen, was den enttäuschten Stadtrat zu der wütenden Bemerkung im Gerichtssaal veranlaßte: »Siehscht, die Lumpe haltet halt z'amme.«
Zu seiner Überraschung wurde er wegen dieser Äußerung im Anschluß an die Verhandlung zu

drei Tagen Haft wegen Amtsbeleidigung verdonnert und nach der Sitzung zum Vollzug der Strafe abgeführt, da er – völlig verdattert – kein Rechtsmittel eingelegt hatte.
Seine Parole vom Morgen des Tages – heut kommt einer nicht mehr heim – bewahrheitete sich damit durchaus, und »Recht und Ordnung« im Odenwald waren zur Freude der Bürger wieder gewährleistet.

Verbockter Bock

Einen oberschwäbischen Schultes legt so schnell niemand herein. Nun gibt es in dieser gesegneten Region jedoch nicht nur eine reiche kulturelle Tradition, sondern auch – allen Bemühungen der EG zum Trotz – eine noch immer funktionierende Landwirtschaft.
In einer schönen kleinen Gemeinde mit kulturellen Attraktionen, um die sie manche Mittelstadt beneiden könnte, hielten sich deshalb auch noch einige Landwirte. Der Bürgermeister, kein Einheimischer und mehr der Kultur verpflichtet, sah sich deshalb einmal genötigt, für die Schafzucht einen neuen Bock zu kaufen. In Begleitung eines hochgestellten, aber auf die-

sem Gebiet entsprechend inkompetenten Beraters, machte er sich auf den Weg zum Markt, wo sein Augenmerk auf ein Prachtexemplar von Schafsbock fiel. Der Verkäufer nannte auch einen fairen Preis und fügte lediglich hinzu, der Bock habe »grad a bißle a Nabelentzündung, aber des sei ja egal«. Der Bock wurde dann auch erstanden, erwies sich aber bald für die Schafzucht als völlig ungeeignet. Denn was der Schultes nicht wußte, war, daß der »Nabel« beim Bock gerade der »springende Punkt« beim Decken ist.

Einst und jetzt

In den sechziger Jahren fand in der Verwaltung unseres Landes der endgültige Übergang von der bürokratischen zur Service-Verwaltung statt. Die alten Bürgermeister auf den Dörfern, die die verdienstvolle Aufbauarbeit nach dem Kriege geleistet hatten, setzten sich allmählich in jeder Beziehung zur Ruhe. An ihre Stelle traten junge Verwaltungsbeamte mit großem theoretischen Verwaltungswissen und ungebremstem Elan. So kam es auf dem Lande oft zu einem Nebeneinander von zögerlichen »Oldies«, deren Gemeinden oft nicht nur schuldenfrei waren, sondern sogar

Guthaben aufwiesen, weil nichts mehr angefangen wurde, und jungen Bürgermeistern, die bauten, was das Zeug hielt und entsprechend Schulden machten, was von der Bevölkerung aber letztlich mehr honoriert wurde.

Der Mentalitätsunterschied zwischen den Generationen damals wird am besten an der »Altersweisheit« eines »Bauraschultes« in Hohenlohe deutlich, der seinem jungen Fachkollegen im Nachbardorf zu bedenken gab: »Junger Kollege, warum bauet Sie so narret? I tu nix, do kriegt mer bloß lauter Unruhestifter in d' Gemeinde rei. Die wellet, daß d' Wasserleitung noch im trockenschte Sommer funktioniert und die g'schlosse Grub' reicht net. Spülklosett muß sei. Dann kommet se no mit Kindergarte, weil's Weib z' faul isch, Kinder aufzuziehe. Noi, des laß i ganz schö bleibe.«

Beide Bürgermeister sollten von ihrem Standpunkt aus recht behalten.

Fallen der Rhetorik

Rhetorik – in der Antike eine hochgeachtete Kunst – stand bei uns lange nicht gerade hoch im Kurs. Man war sich einig in der Verachtung der

»Schnellschwätzer« und »Schönredner«, und auch Kurt Georg Kiesinger mußte sich noch den Beinamen »König Silberzunge« gefallen lassen. Inzwischen hat man allenthalben die Rhetorik wieder als Persönlichkeitstraining entdeckt. Auch ländliche Volkshochschulen halten Rhetorikkurse ab, und im Öffentlichen Dienst muß bald jeder Kassenbeamte zu solch einer Fortbildung, wenn er etwas werden will. Geborene Redner nach dem Goethe-Wort »es trägt Verstand und rechter Sinn mit wenig Kunst sich selber vor« waren aber bei uns seit jeher die Bürgermeister.

Freilich passieren ihnen manchmal kleine Schnitzer, die aber mehr zur Farbigkeit des dörflichen Lebens beitragen, als sie dem Schultes schaden. So sah denn auch eine Festgemeinde im Schwarzwald großzügig darüber hinweg, als der Bürgermeister statt der »Sisyphusarbeit« der Feuerwehr ihre »Syphilis-Arbeit« lobte.

Ebenso daneben lag ein Ortsvorsteher in der Esslinger Gegend, der die »gute alte Zeit« beschwören wollte und sich dabei zu der Aussage verstieg: »Adenauer, wenn er noch leben würde, würde sich im Grabe herumdrehen.« Adenauer war viel zuzutrauen, dies hätte aber nicht einmal er geschafft.

Ehre um Ehre

Ein Bürgermeister auf der Ostalb, der sich schon in seiner dritten Wahlperiode befand und der zweimal mit über 90 Prozent der Stimmen bestätigt worden war, empfand es im Lauf der Zeit als eine immer lästigere Pflicht, an den Beerdigungen in seiner Gemeinde teilnehmen zu müssen, wie es von ihm als selbstverständlich erwartet wurde. Wenn er keine Lust hatte – vor allem im Winter –, ließ er daher bei Bestattungen von Bürgern, die er nicht sonderlich hatte leiden können, erst den »Verwaltungskandidaten« in den Wählerverzeichnissen nachsehen, ob der Betreffende überhaupt bei der letzten Bürgermeisterwahl gewählt hatte. Je nachdem erwies er ihm dann die »letzte Ehre«.

So kann's gehn!

1986 kam ein Stuttgarter Staatssekretär nach Ottobeuren, um die berühmte Abtei zu besichtigen und sich an den Klängen der Orgel zu erfreuen. Seine Freude wurde aber dadurch getrübt, daß der Landrat, der es sich nicht hatte nehmen lassen, den politischen Gast zu empfangen, ihm im Anschluß an das Konzert beim Bier die fast unglaubliche Geschichte erzählte, daß das ehrwürdige Ottobeuren jetzt einen SPD-Bürgermeister habe. »Wie kann denn bei Euch im schwärzesten Allgäu so etwas passieren?« meinte der baden-württembergische Besucher verwundert, »da bekommt man es ja grad mit der Angst.« »Jo, mei«, erwiderte der bayerische Landrat gelassen »z'erst ist der Abt g'storben, dann kam Tschernobyl, dann ham die Bauern nimmer mitg'macht, und scho war's passiert!«

's goht dagege!

Die Rechtsaufsicht durch das Landratsamt und alles, was »von oben« kommt, ist dem Bürgermeister und seinen Gemeinderäten seit jeher ein »rotes Tuch«. Insbesondere die »Rechnungsprüfung«, das heißt, die Prüfung der Haushaltspläne durch das Landratsamt und die Beantwortung der Beanstandungen, sind den Bürgermeistern ein wahres Greuel, was sie zu manch spitzfindigen Antworten motiviert. Freilich kann man es auch machen wie ein Schultes im Mittleren Neckarraum, der, als er gar nicht mehr weiter wußte, lakonisch anmerkte: »Wird in Zukunft beachtet«, was sich sogar als ausreichend erwies.

Gut gefahren mit der Rechnungsprüfung ist auch ein Bürgermeister im Enztal, der auf seinem Schreibtisch in einem großen Karteikasten alle diesbezüglichen Mahnungen des Landratsamtes wohlgeordnet nach Sachgebieten sammelte und die zweiten, dritten und vierten Mahnungen sorgfältig zusammenklammerte. Stolz zeigte er diese Trophäensammlung seinen ob seiner Arbeitsleistung staunenden Kollegen und erklärte dem visitierenden Landrat dieses »System« damit: So finde er, wenn er einmal Zeit habe, das »Dringendste« auch zuerst.

Mit dieser Methode strapazierte der wackere Schultes die Nerven der Landratsamtsbediensteten und schonte seine eigenen, weshalb er auch ein hohes Alter erreichte.

Herrgöttli auf Eicheholz, so hart wie der »Deifel«

Wer aus seiner Kindheit noch die Welt der Brüder Grimm im Bewußtsein hat, mag die Reste dieser Welt im modernen Baden-Württemberg – vor allem im Rhein-Neckar-Raum und in der

Region Stuttgart – lange suchen. Lediglich im Südschwarzwald und im Odenwald mag er Überbleibsel dieser vergangenen Zeit noch erahnen. So auch in Walldürn. Im Zusammenhang mit den dortigen Wallfahrtsbräuchen entstanden und gedeihen dort Gewerbe, die es nicht mehr oft gibt, wie die Herstellung von Wachswaren, Zuckerbäckereien, Lebkuchen, künstlichen Blumen, Devotionalien und anderem mehr. Vertrieben wurden diese, meist im Winter in Heimarbeit hergestellten Waren, durch Händler in ganz Süddeutschland. Großen Absatz fanden und finden sie aber auch auf dem Walldürner Wallfahrtsmarkt selbst. Neben Kerzen, Wachsstöcken, Lebkuchenherzen, Dürner Spezialgebäck, Rosenkränzen, künstlichen Blumensträußen, Heiligenbildchen und Gipsfiguren aus dem religiösen Spektrum gehört dort natürlich auch der Handel von Kruzifixen zum Angebot des Marktes. Letzte werden von den Händlern mit dem sinnreichen Spruch angepriesen:
»Leute kauft Kreuze, schöne Kruzifixe, Kreuze aus gutem Holz, Herrgöttli auf Eicheholz, so hart wie der Deifel!«
Als ein Walldürner Bürgermeister diesen Spruch gar in einer regionalen Rundfunksendung zum besten gab, hatte er seinen Spitznamen weg, und wo immer er auftauchte, hieß es »s' Herrgöttli auf Eicheholz, so hart wie der Deifel!« Kann es

einen besseren Spitznamen für einen baden-württembergischen Bürgermeister geben?

Hoher Rang

Bei festlichen Anlässen in Oberschwaben herrscht oft ein »Auftrieb«, der viel prächtiger ist als bei vergleichbaren Anlässen in »Altwürttemberg«. So spielt dort nicht nur der katholische Klerus noch eine große Rolle, sondern auch die Fürstlichkeiten.
Bei einem großen Empfang in dieser Region wurde einmal der wackere Bürgermeister einer kleinen Gemeinde, die wir Kirchhofen nennen wollen, solch einer »Durchlaucht« vorgestellt. »So, von Kirchhofen sind Sie?« meinte »Durchlaucht«, die nicht ihren besten Tag hatte, »welche Linie, wenn ich fragen darf?« Worauf der tapfere Dorfbürgermeister stolz erwiderte: »Schnellzuglinie Ulm–Friedrichshafen«.

Problem erkannt

In den sechziger Jahren, als Wahlen im Süden Baden-Württembergs schon vor ihrem Ausgang festzustehen pflegten, kam einmal der Vorsitzende einer großen christlichen Partei nach einer Landtagswahl in einen kleinen Ort Oberschwabens, der für seine konservativen Wahlergebnisse weithin bekannt war. »Ja, wiea«, sagte er zum Bürgermeister, »Ihr habet ja neierdings fünf Sozi im Flecke, was isch au bei Eich los?« »Des stemmt scho«, antwortete der Schultes beschwichtigend, »aber mir kennet se älle!«

Was tut mer net älles...

Eine Hohenloher Gemeinde hatte an der Markungsgrenze einige Hektar Baugelände erwerben können. Zur Erschließung fehlte nur noch ein Grundstück, das aber wichtig war, weil dies zur Anlegung der Verbindungsstraße vom Dorf zum Siedlungsgebiet benötigt wurde.
Der Bauer, dem das Grundstück gehörte, zeigte sich unzugänglich. Er war ein rechtschaffener Mann, dem ererbter Grundbesitz noch »heilig

und unantastbar« war. Jedes Verkaufsgespräch, das der Bürgermeister mit ihm führte, endete mit dem Hinweis, weder sein Vater noch sein Großvater hätten je einen Quadratmeter Grund und Boden verkauft, und so wolle er es auch halten. Da kam dem listigen Schultes der Gedanke, an das christliche Gewissen des Landwirts zu appellieren. Schließlich war der Grundbesitzer Kirchengemeinderat, und bei ihm fanden im Winter allwöchentlich Bibelstunden statt, die der Pfarrer dort abhielt. Der Bürgermeister verstand sich mit dem Dorfpfarrer sehr gut, der es besonders schätzte, daß der Gemeindeobere jeden zweiten Sonntag zur Kirche ging. So machte die weltliche Gewalt die geistliche zu ihrem Bundesgenossen, und der Bürgermeister weihte den Pfarrer in seinen Plan ein. Dieser sah die Notwendigkeit, einen »Sonderweg« zu gehen, ein und versprach, den Schultes zu unterstützen.

Wie oft bei Bürgermeisters, wurde auch die Ehefrau eingesetzt. Zunächst ging diese mit dem Pfarrersehepaar in die Bibelstunde und danach auch der Schultes selbst. Die frommen Stundenleute freuten sich sehr über das Interesse an der »Stund« und luden das Pfarrer- und das Bürgermeisterehepaar gern nach der Bibelstunde noch zum Vesper ein, wozu der Bürgermeister den Wein mitbrachte. Dieser löste die Zungen und allmählich auch das harte Herz des Bauern. Eines Abends war es dann so weit. Nach gutem Zureden des Pfarrers war der Ökonom bereit, das heißbegehrte Grundstück an die Gemeinde zu verkaufen. Was bleibt, ist freilich die Frage, ob der Bürgermeister bei diesem Sonderweg den »schmalen« oder den »breiten« Weg gegangen ist, um an sein Grundstück zu gelangen.

Der alte Sünder

In einem Ort im Altkreis Hechingen, der ja fast bis vor die Tore Freudenstadts reichte, regierte einmal ein recht lebenslustiger Schultes. Die Gemeinderäte wunderten sich daher sehr, daß er nach einer schweren Erkrankung seiner Frau auf die »Nachsitzung« stets mit den Worten verzichtete: »Ihr wisset jo, i han a kranke Frau daheim« und nach Hause ging. Seine Spezis nahmen ihm diese Fürsorglichkeit aber nicht ab und beschlossen, ihm einmal »vorsorglich« nachzuspionieren.
Und siehe da, der alte Genießer ging wirklich zu seiner kranken Frau nach Haus, knipste im Flur das Licht an, marschierte durch die hintere Tür wieder hinaus und verschwand durch die Gärten

zur schönsten Witwe des Dorfes. Womit bewiesen wäre, daß auf dem Dorf nichts so fein gesponnen wird, als daß die kongenialen Fetzen von Dorfgenossen den Täter nicht aufspüren würden.

Gefahren des Fortschritts

In einer Gemeinde am Heuberg war vor einiger Zeit eine altledige Frau im 79. Lebensjahr gestorben. Halb mitleidig, halb respektvoll hieß es nach der Beerdigung: »Die hat au ihr Lebtag kein Ma ghabt.« Manche schoben diese heutzutage doch erstaunliche Tatsache auf den Krieg, der in manchen Jahrgängen noch immer am Frauenüberschuß schuld ist. Doch der Altbürgermeister wußte es genauer: »Die hot ums Johr dreißig ein vom Heuberg poussiert, und no hot ihr Mutter gsagt, den nemsch mer net, der hot a Fahrrädle, so einer kommt viel z' viel rum, und no war's halt nix meh.«

Trieler unerwünscht

Bevor die Politik der »Bürgernähe« den »anfaßbaren« Politiker kreierte, war der Besuch eines Ministers oder gar des Ministerpräsidenten auf einem Dorf eine große Sache, während er heute schon fast zur Routine gehört. Es war denn auch ein besonderer Tag im Leben eines Hohenloher Dorfbürgermeisters und seiner Frau in den fünfziger Jahren, als zwar kein leibhaftiger Minister, aber nach der Begehung seiner Gemeinde beim Antrittsbesuch der Landrat des Kreises bei ihnen zu Mittag aß. Die Frau Bürgermeister hatte es an nichts fehlen lassen, den Tisch weiß und mit ihrer Aussteuerware gedeckt, und Essen und Trinken mundete dem hohen Gast sehr gut. Etwas irritiert war der Landrat aber davon, daß ihm als einzigem eine Serviette zugedacht war. Er war so frei, nach dem Grund dafür zu fragen und erhielt zu seinem Erstaunen von der Bürgermeisterin die Antwort: »Wisset Se, mein Moh kenn i, des isch kei Trieler, aber Sie kenn i halt net.«

Das Beharrende

Auch wenn von den jungen Landeskindern in Baden-Württemberg eine große Anpassungsfähigkeit an neuere technische und soziale Entwicklungen gefordert wird, ist der Baden-Württemberger doch kein neuerungssüchtiger Mensch wie mancher politische Aktivist in der Landeshauptstadt, sondern er hält gern am einmal als richtig Erkannten fest.

Dieses Beharrende im baden-württembergischen Wesen war vor allem auch bei manchem alten Schultes festzustellen, wie zum Beispiel beim Bürgermeister eines Dorfes in der Nähe von Ebingen. Dieser benutzte ungeniert seine alten Hakenkreuzstempel nach der Kapitulation im Mai noch bis in den Herbst 1945 weiter; schließlich waren sie ja »nur« zwölf Jahre in Gebrauch gewesen und noch nicht sehr abgenutzt.

Dieses beharrende Element kann freilich auch zur Unbeweglichkeit führen und starrsinnig wirken (»Do, hot mei Vadder gmiggt, do migg i au«). So erwiderte im Schwarzwald ein Ortsvorsteher nach überaus starkem Schneefall auf die Frage einer Bürgerin am Telefon, ob heute eigentlich nicht geräumt werde: »Nei, des goht heut net, heut hole mer Chrischtbäum, morge vielleicht wieder.«

Bauraschultes und Ortsvorsteher.

Klarer Fall

Wenn auch die Zeit des »Bauraschultes« unwiederbringlich dahin ist, gibt es doch heute noch Ortsvorsteher, die es an Originalität mit jenen durchaus aufnehmen können. So teilte der Ortsvorsteher von »Heuhofen« vor einiger Zeit im Mitteilungsblättle seiner Gemeinde mit, daß auf dem Rathaus schöne Ansichtskarten von Heuhofen erhältlich seien. Nun werden auch in Heuhofen keine Feldpostpäckchen mehr verschickt, aber sicherheitshalber fügte der kummergewohnte Ortsvorsteher hinzu: »Diese Ansichtskarten eignen sich vor allem für Grüße aus Heuhofen.«

Relativ gesetzestreu

Ob es einen juristischen Rechtfertigungsgrund des »Volksbrauches« gibt, der zum Beispiel das Stehlen von Maibäumen rechtfertigt, ist unter Juristen – wie eigentlich fast alles – umstritten. Ob gerechtfertigt oder nicht, scheint freilich das Stehlen von Christbäumen von vielen als Volksbrauch angesehen zu werden. Ein rechter Ortsvorsteher tut das natürlich nicht und hat schon beim »Beschaffen« von Tannenreisig für den Adventskranz seine Skrupel. So riet ein ehrenwerter Hohenloher Ortsvorsteher seiner Frau, das Tannengrün nicht im Wald zu besorgen, sondern die Weißtanne des ihm befreundeten Nachbarn heimzusuchen. Schließlich machte sich das Ehepaar am späten Abend auf den Weg. Das Haus des Nachbarn lag schon im Dunkeln, so daß man ihn nicht mehr stören wollte und also erst gar nicht fragte. Da auch bei kleinen Sünden die Anstiftung oft von einer »Eva« ausgeht, meinte die Frau Ortsvorsteher kurzerhand und pragmatisch: »Wenn ich von dahinten ein paar Zweige abknipse, fällt das doch gar nicht weiter auf.« Gesagt, getan, und bald darauf zogen Ortsvorstehers mit ihrer Beute ab.

Beinahe einen roten Kopf bekommen hätte aber der Ortsgewaltige am nächsten Tag, als seine Sekretärin von einem Anruf der Familie X berichtete. Diese hätte gebeten, man solle auch ins Blättle setzen, Lausbuben hätten schon wieder ihre gerade erst geflickte Christbaumbeleuchtung durchgeschnitten. Das sei doch eine große Sauerei, und die Eltern sollten gefälligst besser auf ihre Kinder aufpassen!

Der geheime Vorbehalt

Nach einer alten Regel war der Ortsfriede immer dann gewährleistet, wenn Bürgermeister, Pfarrer und Lehrer in einer Gemeinde »es miteinander konnten« und gewissermaßen als irdische Dreifaltigkeit im Dorf regierten. Im Zuge der komplexer werdenden Gesellschaft ist der Einfluß des Pfarrers und Lehrers heute in der Regel zurückgegangen, während die Macht des Schultes ungebrochen ist. Bös kann es aber immer noch werden, wenn zum Beispiel der katholische Pfarrer eines Dörfchens mit dem Lehrer Streit hat, wie es kürzlich in einem kleinen Dorf bei Horb geschah. Zwar waren sich die beiden »ideologisch« einig, ihr Streit entzündete sich aber wie auf dem Lande so häufig an einer Grundstücksfrage. Der Pfarrgarten und das Schulgrundstück grenzten aneinander, und dem Vertreter der Geistlichkeit behagte nicht, daß die Grundstücke nicht deutlich durch einen Zaun der Gemeinde voneinander geschieden waren, was dem Lehrer grob überflüssig erschien. Zwangsläufig wurde der Herr Ortsvorsteher als Schlichter angerufen. Beim Ortstermin gab dieser, ein alter Bauer, zum Entsetzen des Lehrers dem Pfarrer in vollem Umfang recht und sagte mehrmals monoton nur: »Jawoll, Herr Pfarrer, do muß a Zau her.«

Der Lehrer beherrschte sich mühsam und beschloß, den Ortsvorsteher bei der nächsten Wahl nicht mehr zu wählen. Als er ihn ein paar Monate später in der »Krone« beim Bier traf, konnte er es nicht verheben, den Dorffürsten wegen seiner Entscheidung zu tadeln. Doch das alte Schlitzohr von Ortsvorsteher lachte hellauf und erwiderte mit breitem Grinsen: »Hosch Du den Zau scho gsehe?«

Verwaltungsökonomie

Während in den Präsidien und Ministerien nicht wenige unter der »Mania acta augendarum«, dem sogenannten »Aktenvermehrungswahn«, leiden und durch fortlaufendes Schreiben von Vermerken die Akten aufblähen, waren die früheren Bauraschultes Könner darin, die Papierflut in der Verwaltung zu bändigen. Einer dieser heute schon fast legendären Schultes schickte zum Beispiel alle Schreiben des Landratsamtes an seine Gemeinde »urschriftlich zurück« mit dem knappen Vermerk »Kenntnis genommen«. Geradezu ein Meister auf dem Gebiet der Verwaltungsökonomie soll aber ein Schultes im Raum Tübingen gewesen sein, der seinen Gemeinderat so im Griff hatte, daß er den Sitzungsverlauf der Gemeinderatssitzungen schon bei der Aufstellung der Tagesordnung im voraus wußte. Als der Rat einmal gegen seinen Willen entscheiden wollte, was noch nie vorgekommen war, erklärte er zunächst nur mürrisch: »Des goht net, des goht net.« Als die Gemeinderäte nach langem Hin und Her wissen wollten, warum das eigentlich nicht gehen solle, meinte er wütend: »Des goht scho deshalb net, weil's Protokoll scho fertig isch.«

Der »Bauraschultes honoris causa«

In den 35 Landkreisen Baden-Württembergs herrscht zwar überall die Demokratie, das rechtsstaatliche Denken ist aber durchaus unterschiedlich ausgeprägt. So erinnert zum Beispiel ein Landkreis in Oberschwaben sogar in mancher Weise noch an ein kleines Duodezfürstentum. Er hat nicht nur eigens markierte Grenzen, eine Kreishymne und eine Kreisfahne, sondern auch einen selbstbewußten Landrat, der sich seiner Macht als MdL und Landrat sehr wohl bewußt ist. In diesem Kreis geschah es einmal, nicht im Märchen, sondern real, daß dieser Landrat für die vorläufige Ausstattung einer Kapelle im Kreisfreilichtmuseum ganz legal die Statue des »Heiligen Eligius«, eines bewährten Pferdepatrons, mittels Leihvertrag vom Landesmuseum auslieh. Das Landesmuseum, das den Pferdeheiligen für sein eigenes Volkskundemuseum vorgesehen hatte, dachte sich nichts Böses, als die Leihfrist verlängert werden sollte, denn die eigene Filiale war noch nicht so weit, als daß man den Heiligen sofort benötigt hätte. Schließlich war auch die verlängerte Leihfrist herum, und der Direktor des Landesmuseums war sehr erstaunt, daß man den Heiligen, der gern mit einem Pferdehuf als Attribut dargestellt wird, nun gar nicht mehr hergeben wollte, weil er eben so gut nach Oberschwaben passe. »Verträge sind einzuhalten«, meinte der Museumsdirektor und glaubte, daß Recht auch in Oberschwaben Recht bleiben müsse. Aber mit diskreter Gewalt wurde diesem zugezogenen Preußen bedeutet, daß dies nicht unbedingt so sein müsse, und die Staatsräson in diesem Falle den Verbleib des Eligius in Oberschwaben erfordere. Der Heilige blieb dann auch dort, der Landkreis zahlte dem Landesmuseum einen guten Preis, doch der Direktor des Landesmuseums litt fortan am »St.-Eligius-Syndrom« und glaubte, ein Pferd hätte ihn getreten. Der pfiffige Landrat aber erhielt von einem Stuttgarter Bürokraten den Ehrentitel »Bauraschultes honoris causa«, womit er aber wohl leben kann.

Die Fernwirkung von Daimler-Benz

Über die allmächtige Firma Daimler-Benz steht selten etwas Kritisches in den baden-württembergischen Zeitungen, und auch hier ist kein Forum dafür. Denn der Einfluß »vom Daimler« auf die Kommunalpolitik ist zwar in Stuttgart und Sindelfingen überwältigend, in Horb aber, wie das Beispiel zeigt, nur mittelbar festzustellen. In einem Teilort Horbs mit vielen Daimler-Pendlern ging es vor einiger Zeit um ein Baugesuch, von dem man wußte, daß einer der Daimler-Arbeiter im Ortschaftsrat strikt dagegen war. Prompt setzt der schlitzohrige Ortsvorsteher diesen Punkt immer auf die Tagesordnung, wenn der Opponent »schichten« mußte. Zur Rede gestellt, erklärte der Ortsvorsteher treuherzig: »Wenn i's anders mach, schichtet halt wieder a anderer. I kann ja net Sitzunge bloß en de Werksferie abhalte.«

Einleuchtend

Nachdem im Zuge der Verwaltungsreform viele Orte ihre Schule verloren hatten, und auf dem Lande Städte in Größe der früheren Oberämter entstanden waren, kam es überall zu großen Schülertransporten, an denen außer dem Omnibusgewerbe niemand eine Freude hatte. Von da an bildete der Schülerverkehr auch eines der regelmäßigen Ärgernisse in den Kommunen. Sei es, daß man die vollgestopften Busse – nicht ganz abwegig – als bessere Viehtransporte charakterisierte, das Aufstehen von ABC-Schützen schon am frühen Morgen beklagte oder sich über die Fahrtroute ärgerte. Ging es um den Schülertransport in Versammlungen, war stets »Zoff« angesagt. Dementsprechend ging es in einer Bürgerversammlung in einem nordbadischen Städtchen schwäbischer Herkunft recht hoch her, als die Fahrtroute des Busses wieder einmal heiß diskutiert wurde und sich eine Elternvertreterin lauthals darüber beschwerte, daß der Bus immer erst in einen Weiler fahre und dann ins Dorf komme, wofür sie eine Erklärung haben wolle. Niemand der Verantwortlichen wußte für diesen Umstand einen plausiblen Grund, aber der gewitzte Ortsvorsteher glättete die Wogen, indem er erwiderte: »Jetzt sind Se doch net so noseweis, vielleicht hat der Fahrer dahinte a Mensch.« Heiterkeit erfüllte den Saal, und die Situation war gerettet.

MINISTERIALRAT · LANDRAT

OBERRAT · STADTRAT

Rat und Räte.

Allmächtiger Gemeinderat

Dem Horber Gemeinderat wird nachgesagt, daß er in früherer Zeit sich damit befaßt habe, ob und wie man am besten das Wetter regeln könne. Glücklicherweise habe er dann aber wegen der Schwierigkeit der Aufgabe davon Abstand genommen und auf ein besonderes Wetter für Horb verzichtet. Freilich führte dieses vergebliche Bemühen zu der sprichwörtlichen Redensart: »Des lehn mer bleibe wie d' Horber 's Wetter.«

Daß der Horber Gemeinderat auch heute nicht vor schwierigen Aufgaben zurückschreckt, beweist eine Begebenheit aus dem Jahre 1981. Während der kleine Teilort Nordstetten mit dem Dichter Berthold Auerbach und Staatspräsident Lorenz Bock sogar zwei berühmte Männer hervorgebracht hatte, fehlte es an einem Horber Ahnherrn überregionaler Reputation. Hartnäckig nährten die Horber daher das Gerücht, der berühmte Bildhauer Veit Stoß sei gebürtiger Horber. Aber wie dies beweisen? Schließlich gab die Stadtverwaltung einer alten Horber Zeichenlehrerin den Auftrag, ein Gutachten über die Herkunft von Veit Stoß zu erstellen. Dieses fiel wie gewünscht aus, und der Gemeinderat beschloß, daß danach Veit Stoß in

Horb am Neckar geboren sei und eine öffentliche Würdigung von Veit Stoß als Sohn der Stadt vorbereitet werden solle.

So kamen denn auch die Horber zu einem berühmten Vorfahren. Und wer nicht glaubt, daß Veit Stoß aus Horb am Neckar ist und meint, das seien Methoden wie in Schilda, der beweise zuerst das Gegenteil.

Der keusche Stadtrat

Im Zuge der Abrüstung wurde in den letzten Jahren auch in Horb mit riesigem Aufwand eine Kaserne instandgesetzt, die zuvor der Unterbringung von Asylanten gedient hatte. Deren Schicksale waren oft sehr traurig und forderten das Mitgefühl der Horber heraus. Unter den aus ihrer Heimat Geflohenen fanden sich aber auch ein paar clevere Ghanaesinnen, die ihr Arbeitsverbot etwas locker auslegten und versuchten, die »Arbeit« mit dem Vergnügen zu verbinden. Mit anderen Worten, sie gingen dem »Hobby« nach, das die Juristen so schrecklich nüchtern als »Gewerbsunzucht« bezeichnen, worin die schwarzen Schönheiten eine vermeintliche Marktlücke in Horb erspähten.

Obwohl sich so etwas normalerweise wie ein Lauffeuer herumzusprechen pflegt, hatte ein biederer Stadtrat aus einem Horber Stadtteil diese Variante des Asylproblems noch nicht erfaßt und bildete sich ein, ein gutes Werk zu tun, als er eine schwarzhäutige Anhalterin an der Hohenbergsteige aufnahm. Zum Erschrecken des treuen Kolpingsohns fing diese aber, kaum daß sie Platz genommen hatte, mit Preisverhandlungen an, und der keusche Stadtrat merkte rasch, auf was er sich da eingelassen hatte. »Wenn des ebber sieht«, ging es ihm durch den Sinn, und er hätte sich am liebsten eine Tarnkappe über den Kopf gezogen. Froh war er dann, als das Asylantenlager erreicht war, und er die Dame zum Aussteigen auffordern konnte. So wurde er um eine Erfahrung reicher und sie um ein Geschäft ärmer. Und die Moral von der Geschicht: Die »Unzucht« klappt in Horb halt nicht. »Es« läuft auch so. Vielleicht deshalb formulierte schon August Lämmle: »Bist Du Gast in Horb, bist Du Hahn im Korb!«

Die 1200-Jahr-Feier

Viele Gemeinden in Baden-Württemberg und anderswo können ihre Vergangenheit bis in die Zeit der Römer, ja sogar der Kelten zurückverfolgen. Als genaues Kriterium ihres Alters gilt dabei die erste urkundliche Erwähnung. So war in einem schönen Teilort Horbs, den wir vorsorglich »Heuhofen« nennen wollen, bekannt, daß der Ortsname »Heuhofen« schon 786 in einer Urkunde des Klosters St. Gallen genannt wurde. Schon freute man sich in ganz »Heuhofen« auf die 1200-Jahr-Feier im Jahr 1986. Die Ortsväter beschlossen aber, vorsorglich noch einmal in St. Gallen anzufragen. Die Patres bestätigten gern, daß in der fraglichen Urkunde von 786 ein »Heuhofen« enthalten sei, ob es aber dieses »Heuhofen« sei, könne wohl am besten der Professor Dr. X in Freiburg beurteilen. Eilends wandte sich der Heuhofener Ortschaftsrat an diesen Professor mit der Bitte, den Festvortrag zu halten und die Richtigkeit des Jubiläums zu bestätigen. Groß war dann die Überraschung, als der Wissenschaftler nicht nur die Festrede ablehnte, sondern auch noch behauptete, das »Heuhofen« aus der Urkunde von 786 müsse ein ganz anderes »Heuhofen« sein. Guter Rat war jetzt teuer, schließlich waren die Jubiläumsvorbereitungen schon nach außen gedrungen, und man wollte ja nicht zum Gespött der Region werden.

Doch ein guter Ortschaftsrat bekommt auch so ein Problem in den Griff. »1200 Jahre sind wir mindestens alt, schließlich gibt es genug keltische Grabhügel auf unserer Markung. Was geht uns überhaupt der komische Professor in Freiburg an, das weiß doch hier überhaupt niemand, welches »Heuhofen« in der Urkunde gemeint ist«, war die Meinung. Und endlich lautete der Beschluß: »Und wir feiern trotzdem.« So wurde denn ein rauschendes Jubiläum gefeiert, zu dem aus Stuttgart sogar ein Staatssekretär angereist kam. Und wenn schon die Landesregierung mit großem Aufwand alle zehn Jahre ein Landesjubiläum feiert, so sollte man den »Heuhofenern« auch einmal eine 1200-Jahr-Feier gönnen!

Nur nicht gleich, nicht auf der Stell'

Die Archivverwaltung des Landes zeichnet sich durch besonders tüchtige Beamte aus. Großen Unmut gab es daher bei diesem erlesenen Kreis von Archivaren, als Ministerpräsident Späth zu Beginn seiner Amtszeit vorschlug, unfähige Beamte ins Archiv zu versetzen. Möglicherweise hatte der Herr aller Landesdiener das Archiv mit der Registratur verwechselt, wo ein fauler Beamter allerdings eher noch mehr Schaden anrichten könnte.

Noch wenig Sorgfalt lassen freilich manche Kommunen ihren Archiven angedeihen, zum Beispiel in Horb am Neckar. Als nämlich ein historisch interessierter frischgebackener Gemeinderat in den siebziger Jahren einen Antrag durchbrachte, in den »einverleibten« Teilorten die Archive zu ordnen und zu sichern, bevor sie bei Gelegenheit »hinausgebeigt« würden, geschah zunächst gar nichts. Nach einer geziemenden Wartezeit von zehn Jahren, die auch für vormals vorderösterreichische Gebiete als angemessen bezeichnet werden muß, erkundigte sich der inzwischen schon recht Desillusionierte bei der Stadtverwaltung, was denn aus seinem Antrag geworden sei. Was aber bekam er da zu hören: »So weit send mer no net, zeh Johr isch schließlich au kei Zeit, bei Archiven denkt man in Jahrhunderten.«

Der Brotstreik

In den fünfziger Jahren war das »Weihnachtsgeld« in der Wirtschaft keineswegs eine Selbstverständlichkeit, und auch im Öffentlichen Dienst war man vom 13. Monatsgehalt noch weit entfernt. Die Rathausbediensteten einer Gemeinde am Hochrhein ärgerten sich daher sehr, daß die vorgesehene kleine Weihnachtsgratifikation von einem Bäckermeister im Gemeinderat zu Fall gebracht worden war. Sie entschlossen sich solidarisch zum Streik und boykottierten wochenlang das Geschäft des mißgünstigen Bäckers, dessen Berufsstand ja allgemein als etwas »b'häb« bekannt ist.
Als die Kasse nicht mehr klingelte, erwirkte der Bäckermeister dann auch die Rücknahme des Sparbeschlusses, gerade noch rechtzeitig vor Weihnachten; wobei man sehen kann, daß Eigennutz auch einmal Gemeinnutz hervorbringen kann.

Politische Nächstenliebe

Auch wenn es im Stuttgarter Landtag gelegentlich zu Flirts zwischen »Schwarzen« und »Grünen« kommt, sind diese Parteien sich in den kommunalen Parlamenten selten »grün«. Allenfalls auf Besichtigungsreisen kommt man sich gelegentlich auch menschlich etwas näher. Nachdem man sich den ganzen Tag mit verschiedenen Abfallbeseitigungssystemen herumgeplagt hatte, gingen die meisten Kreisräte eines oberschwäbischen Kreistagsausschusses, sobald sie die erforderliche »Bettschwere« hatten, auch brav ins Bett. Zwei besonders vitale, ein »Schwarzer« und ein »Grüner«, suchten aber noch ausgiebig ein Nachtlokal heim. Schon am nächsten Morgen setzten Sie aber im Bus ihre politischen Granteleien fort. Als der »Schwarze« die Vorstellungen des »Grünen« zur Müllbeseitigung wieder einmal als »bledsinnig« bezeichnete, holte dieser vor dem aufhorchenden Publikum im Bus zu einem vernichtenden Gegenschlag aus und erklärte: »Jetzt halt doch Du Dei blede Gosch, Du blicksch doch net durch, und wenn i dera Negere net des Pullöverle naufzoge hätt, hättsch Du Deinra Lebetag nie en schwarze Buse gseh.«

Selbstbewußtsein

In einer Demokratie geht es nicht nur darum, Schlagsahne für die Bürger zu verteilen, sondern es müssen oder vielmehr sollten manchmal auch harte Entscheidungen getroffen werden, für die das bewährte St.-Florians-Prinzip zur Lösung nicht ausreicht. Dies zeigt sich nicht zuletzt bei Straßenbauprojekten, die oft geradezu leidenschaftlich umkämpft werden, was im Einzelfall dazu führen kann, daß ein Fernstraßenprojekt wie eine West-Ost-Verbindung im Raum Horb immerhin schon seit 70 Jahren diskutiert wird.

Nicht jeder Mandatsträger ist bei solchen Diskussionen so standhaft wie ein Stadtrat im Hohenlohischen, der ob seiner bekannten Meinung zu einem umstrittenen Verkehrsprojekt in einer hitzigen Debatte im Stadtrat heftig angegriffen wurde. Mit stoischer Ruhe erwiderte er aber seinen Gegnern: »Ihr habt mich gewählt, und jetzt entscheide ich auch die nächsten fünf Jahre. Das müßt ihr hinnehmen, dann könnt ihr mich wieder wählen!«

Indirekt

Die nun schon fast 200-jährige Zugehörigkeit Hohenlohes zu Württemberg bzw. Baden-Württemberg hat (zum Glück) nicht verhindert, daß die Hohenloher Landschaft im Vergleich zum Mittleren Neckarraum noch fast unversehrt anmutet, vor allem aber die Hohenloher selbst sich ihre Eigenart bewahrt haben. Dazu gehört eine etwas zurückhaltende Mentalität und die im Vergleich zum »direkten« Neckarschwaben »indirekte« Art etwas auszudrücken, insbesondere, wenn man jemand etwas nachsagen will.
Diese Eigenschaft der Hohenloher zeigt auch ein Gespräch zwischen einem Bürgermeister und einem Ortschaftsrat, die an einem Wahlsonntag hinter der Urne Dienst als Wahlhelfer machten. In einer ruhigen Phase des Wahltags erzählte der Ortschaftsrat seinem Schultes, wie gerne doch das neue Schützenhaus besucht werde. Das Vierteletrinken sei dort noch beliebter als das Schießen, und schon am Sonntagmorgen herrsche im Schützenhaus ein Höllenspektakel und ein Riesengeschrei, so daß sich schon alle Nachbarn beschwert hätten. Der Bürgermeister wollte nun wissen, wer eigentlich den Radau veranstalte. Da kratzte sich sein Ortschaftsrat bedächtig am Kopf und

meinte nur: »Also, wenn der Koppenhöfers Karl net dabei isch, no isch praktisch überhaupt nix los!«

Begrenzter Segen

»Wer niemals einen Rausch gehabt, das ist kein braver Mann«, lautet ein populäres Dichterwort. Erweiternd meint der Volksmund: »Jeden Tag betrunken zu sein, heißt auch regelmäßig leben.«
Etwa zwischen beiden Polen bewegte sich ein an sich ehrenwerter Bürger einer kleinen vormals vorderösterreichischen Gemeinde, der es aber trotz seiner Vorliebe zu alkoholischen Genüssen auch zum Ortschaftsrat gebracht hatte. Bei der »Nachsitzung« einer Ortschaftsratssitzung, die am Tag nach der herkömmlichen Öschprozession stattgefunden hatte, hatte er, wie so manches Mal, einen über den Durst getrunken und mußte von einem Parteifreund, mit dem er auch im Kirchenchor sang, nach Hause gebracht werden.
Bis zur Haustür ging auch alles gut, aber dann hörte man schon von der Stiege herab die Ehefrau schelten, was den Zecher, eingedenk der

Lieder vom Vortag, veranlaßte, lauthals zu singen... »bis hierher half Dein Segen!...«

Schlitzohrlogik

Der sicherste Rückhalt eines Gemeinderats im ländlichen Raum ist häufig eine große Verwandtschaft. Oft besteht auch noch heute die Bevölkerung eines Dorfes im wesentlichen aus nur wenigen Sippen, die alle »ihren« Matador in das kommunale Parlament entsenden. Gestützt auf seinen großen Familienanhang, gelangte in den Jahren nach dem Krieg ein Bauer im Zollernland in den Gemeinderat, obwohl oder vielleicht auch gerade weil er weithin als Schlitzohr bekannt war. Von dieser Eigenschaft machte er auch bei den Sitzungen auf dem Rathaus viel Gebrauch.

Groß war daher die Freude seiner Gegner, als er einmal wegen des damals recht verbreiteten Delikts des Schwarzschlachtens vor den Kadi kam. Die Anklage brach aber rasch zusammen, weil sich in der Sitzung herausstellte, daß das Delikt verjährt war, und man den Übertäter strafrechtlich nicht mehr belangen konnte. Der Staatsanwalt ärgerte sich darüber sehr, weil der gewitzte

Landwirt ihm wieder einmal durch die Lappen gegangen war. Um wenigstens »moralischer Sieger« zu bleiben, sagte er zu ihm: »Es ist ja alles verjährt, und Sie werden nicht bestraft, aber zugeben könnten Sie schon, daß Sie damals das Schwein geschlachtet haben.« Aber der pfiffige Ökonom tat ihm den Gefallen nicht, sondern erklärte vor dem lachenden Publikum in Siegerpose: »Ond wenn i 's net zugeb, werd i au net g'stroft!«

Senf hilft

Während in Baden-Württemberg noch vor 100 Jahren eine ganz erstaunliche Wirtshausdichte anzutreffen war, ist im Zuge der Zeit die Zahl der Gasthäuser in den Dörfern ganz erheblich zurückgegangen. So manche Wirtin beklagt, daß der moderne Mann nicht mehr zum Stammtisch komme und sein Bier mit der Ehefrau zu Hause vor dem Fernseher trinke, was vom Standpunkt der Familie betrachtet freilich eher ein Vorteil ist. Es gibt denn heute auch schon zahlreiche Ortschaften mit nur noch ein oder zwei Gaststätten, und mancher kleine Ort muß sich schon ganz ohne Gasthaus behelfen.

Daher hatte der Ortschaftsrat eines kleinen Fleckens im Zollerischen für die Nachsitzungen auch nur die Wahl zwischen seinem Stammlokal, dem »Löwen«, und dem etwas berüchtigten »Ochsen«. Als gute Demokraten hielten sich die Gemeindeväter aber für verpflichtet, wenigstens hin und wieder nach den Sitzungen auch im »Ochsen« einzukehren, wobei ganz Mutige sogar vesperten. Als einmal ein frisch gewählter Ortschaftsrat zum Bier ein Ripple bestellte, wunderte er sich sehr, daß es an einer Stelle schon etwas grau-grün schimmerte. Der herbeigerufene Wirt hörte sich die Beschwerde an und erwiderte dann seelenruhig: »Ach was, des Ripple soll verdorbe sei? Da g'hört a bißle Senf no, no schmeckt's erscht richtig.«

Kleiner Irrtum

Ein oberschwäbischer Adliger hatte es längst verschmerzt, die politische Herrschaft über seine Region verloren zu haben, zumal die wirtschaftlichen Werte fast alle bei seinem Haus geblieben waren. Er wirkte aber unverzagt im Gemeinderat und bei den Vereinen mit, wo seine Stimme auch meist Gehör fand. Als in einer

Sitzung einmal die Diskussion endlos darum ging, ob man ein öffentliches Gebäude umbauen oder abreißen und größer aufbauen sollte, und er merkte, daß es gegen seinen Willen auf einen Umbau hinauslief, schaltete er sein Hörgerät gelangweilt aus und döste ein wenig. Sehr erstaunt war dann ein junger Mann, der sich ihm nach der Sitzung näherte und ihm erzählte, er habe vor, demnächst das Fräulein X zu heiraten. Rasch schaltete »Erlaucht« seine Hörhilfe wieder ein und meinte zu dem konsternierten Heiratswilligen, noch ganz von der Sitzung betroffen: »Na ja, aber ich hätte mir auch eine bessere Lösung vorstellen können.«

Gefährliche Heimkehr

Die »Nachsitzung« nach Gemeinderatssitzungen hat gerade im viertelesfreudigen Baden-Württemberg eine große harmonisierende und spannungslösende Bedeutung. Manchmal freilich waren während der vorangegangenen Sitzung die Spannungen so groß gewesen, daß es erheblicher Mengen von Wein und Bier bedarf, bis sich wieder die rechte Harmonie einstellen will. So hatten auch nach einer heftigen Diskussion im Ortschaftsrat eines Dorfes im südlichsten Nordbaden zwei Ratsherren einen großen Harmonisierungsbedarf und sprachen tüchtig dem Weine zu. Als sie beim gemeinsamen Heimweg an das letzte, stark abschüssige Straßenstück kamen, fing der eine plötzlich an, rückwärts zu gehen. Auf die Frage seines Begleiters, was dies denn solle, erwiderte er mühsam lächelnd: »Weischt Frieder, wenn i vorwärts laufe tät, tät i überlaufe!«

Auf dem Standesamt.

Blitztrauung

Normalerweise gehört das »Standesamtswesen« zu den schönsten Aufgaben eines Bürgermeisters, kommen doch bei Trauungen auch einmal zwei aufs Rathaus, die das gleiche wollen. Auch die Geburten und Sterbefälle, die es zu protokollieren gibt, kann man nur in seltenen Fällen dem Schultes in die Schuhe schieben.
Freilich ist das »Personenstandswesen« sehr formalisiert, und gar viele Vorschriften, Berichtspflichten und Statistiken gibt es zu beachten. Da konnte es in der »guten alten Zeit« schon einmal vorkommen, daß dem Bürgermeister auf dem Dorfe, etwa in der Erntezeit, das ganze Brimborium auf die Nerven ging und er das Verfahren etwas abkürzte. Berühmt geworden ist eine solche Blitztrauung, die ein Bauraschultes auf der Alb vollzogen haben soll.
Er sagte nur:
>   Wenn er anander wällt
>   gebt's anander d' Händ' –
>   Im Namen des Gesetzes
>   jetzt hätt's es! –

und fügte dann noch entschuldigend hinzu:
>   – I schreib's no end Bücher nei.
>   Z'erscht muß i hoim, mei Kuh kalbt.

Hauptsach 's hebt

Die Prozedur der Kriegstrauungen, bei denen der Ehemann an der Front und die Braut in der Heimat getrennt ihr »Ja-Wort« gaben, wird nicht mehr allzuvielen in Erinnerung sein. Pressieren tut's beim Heiraten aber auch heute noch recht oft. Zwar halten sich die Bürgermeister auch bei erkennbaren »Muß-Ehen« üblicherweise an ihre mehr oder weniger salbungsvollen Musterreden. In einem extremen Fall soll es einem Schultes aber doch einmal die Sprache verschlagen und er die Traurede so begonnen haben: »Die Hochzeit ischt eine hohe Zeit; bei Euch aber ist es wahrlich höchste Zeit.«

Die nervöse Braut

Das Heiraten kostet bekanntlich Nerven. Zwar fangen die Probleme meist erst nach der Hochzeit an, aber die Eheschließung selbst ist schon ein aufregender Akt; ist sie doch ein Vorgang, den man in der Regel nicht allzuhäufig erlebt, wenn man von amerikanischen Filmstars absieht. Insbesondere die Bräute sind oft sehr aufgeregt, weil sie merken, daß sich das Netz über ihnen zusammenzieht, während die Ehemänner in spe in diesem Stadium der Ehe meist noch recht gelassen sind.

Bei einer Trauung im Kreis Schwäbisch Hall ging die Nervosität der Braut gar so weit, daß sie ihren Namen nicht mehr wußte. Zartfühlend legte ihr der trauende Ortsvorsteher die Hand auf ihren linken Arm und sagte ihr leise die Unterschrift vor. Niemand merkte es, und die Frau war ihrem Ortsvorsteher ewig dankbar. Freilich sind nicht alle Ortsvorsteher so einfühlsam. Als in einem Dorf am oberen Neckar ein Paar zur Trauung erschien, von dessen Eheglück der Ortsvorsteher aufgrund ihres liederlichen Lebenswandels gar nicht überzeugt war, herrschte er die Heiratswilligen, bevor er in die Zeremonie einstieg, erst griesgrämig mit den Worten an: »Ja, wia, hend er überhaupt scho zahlt?«

Der stolze Bräutigam

Der Bürgermeister einer ländlichen Gemeinde kennt noch immer alle seine Ortsbewohner persönlich, was sich in früheren Zeiten allerdings noch auf viel mehr persönliche Eigenschaften erstreckte als heute. Dementsprechend war der Schultes in einer Gemeinde bei Tübingen einst sehr erstaunt, als der körperlich und geistig etwas zurückgebliebene Karle bei ihm vorsprach und stolz erklärte: »I han a Braut und will se heirate, Ihr müsset uns aushänge.«

Verblüfft antwortete ihm der Bürgermeister: »Ja, Karle, wo hoscht Du denn so plötzlich a Braut hergnomme?« Worauf dieser freudig erregt antwortete: »Ha, am Sonntigabends im Wäldle auf Kusterdinge zu, do hot uns nehmets gsehe!«

Wahlen zum Gemeinderat.

Klarheit muß sein

Die Aufstellung der Listen für die Gemeinderatswahl ist ein schwieriges Geschäft und bringt für die verantwortlichen Kommunalpolitiker manchen »Metzgergang« mit sich.
Gesucht werden heute vor allem Frauen mit mehreren Kindern, die möglichst noch Handwerksmeister, in kirchlichen Gremien und mehreren Vereinen aktiv sind und dazu noch in glücklicher Ehe leben. Solche Idealkandidaten sind freilich rar, und man begnügt sich dann am Ende der Liste auch mit weniger strahlenden Persönlichkeiten, die dann auch häufig nur auf die Liste gehen, weil sie hoffen, nicht gewählt zu werden. Vor der Wahl bzw. Nichtwahl steht freilich die öffentliche Kandidatenvorstellung, die manchem dieser Bewerber schlaflose Nächte bereitet. Einen unkonventionellen aber erfolgreichen Einstieg für die Vorstellung wählte anfangs der achtziger Jahre ein hohenlohischer Landwirt, der sich im wesentlichen auf den Satz beschränkte: »Mein Name ist X und eins sag i glei, liberal ben i net!« Beifall belohnte diese klare Aussage, mit der er aber wohl nicht überall Erfolg gehabt haben dürfte.

»Frisch gezählt, ist halb gewonnen.«

Kommunalwahlen in Baden-Württemberg sind wegen der Möglichkeit des Panaschierens und Kumulierens nicht nur schwierig auszuzählen, sondern übersteigen offensichtlich noch immer auch die Fähigkeiten mancher Wähler, insbesondere auf dem flachen Lande. Daher kommt es dort immer zu relativ vielen ungültigen Stimmen, und nicht selten kommt es vor, daß ein Bürger so viele ihm sympathische Menschen auf den Listen vorfindet, daß er auf alle seine Kreuzlein verteilt und den Stimmzettel damit ungültig macht. »'s isch doch schad um die scheene Stimme«, sagte denn auch einmal in einem Horber Teilort ein Zähler zu seinem Spezi, der ihm beim Auszählen half, beim Anblick derartig ausgefüllter Stimmzettel. »Weisch was, jetzt den mer halt a christlichs Werk und gebet's de Schwarze, die kommet diesmal sowieso net so gut raus.« Sprach's und tat's. Und die Moral von der Geschicht: Man sollte nie Spezis als Zähler einteilen und am besten immer Anhänger verschiedener Parteien aneinander koppeln.

Ordnung muß sein

Die Gemeinderatswahlen sind trotz zunehmender Politisierung im ländlichen Raum noch immer eine echte Persönlichkeitswahl und dies um so mehr, je kleiner die Gemeinde ist. Selten wurde das Selbstverständnis eines dörflichen Gemeinderats aber so deutlich wie bei einem Bewerber eines heutigen Horber Teilortes. Dieser gab nämlich siegesgewiß vor einer Kommunalwahl in den sechziger Jahren öffentlich die Parole aus: »Tretet an in Reih' und Glied, und wählt alle Oskar Ried!« – und wurde auch prompt mit hoher Stimmenzahl gewählt.

Gewußt wie

In den fünfziger Jahren waren demokratische Wahlen noch etwas durchaus Ungewöhnliches, und insbesondere das schwierige baden-württembergische Kommunalwahlrecht hatte für viele – für manche bis heute – seine Tücken. So ergab es sich, daß einmal in einem kleinen Dorf im südlichen Oberschwaben bei einer Kommunalwahl beinahe alle Stimmen ungültig waren, weil die ordnungsliebenden Wähler säuberlich alle Listen getrennt und nur lose Blätter in die Urne geworfen hatten. »Heilandsakrament aber au, mir kennet doch net zugebe, daß bei ons ieber 90 Prozent ogültige Stemme waret, die haltet ons ja für Dackel«, sagte beim abendlichen Auszählen der Bürgermeister zu seinem Wahlvorstand. Aber guter Rat war teuer. Schließlich wurde der Herr Verwaltungsaktuar zu Rate gezogen und nach eingehender Besprechung der Wahlvorstand nebenan in den »Adler« zum Ausruhen geschickt. Der Bürgermeister, der seinen Flecken in- und auswendig kannte, stellte dann mit Hilfe des Aktuars ein »repräsentatives« Wahlergebnis seiner Gemeinde zusammen, »wie es eigentlich hätte sein müssen«, und der Ruf der Ortschaft war gerettet.

Die »freie« Wahl

In Horb gibt es allen Kapriolen der Politik zum Trotz noch immer Gemeinden, die bei allen Wahlen zu über 80 Prozent CDU wählen. In diesen Dörfern tun sich natürlich auch die Strategen bei Kommunalwahlen noch recht leicht. So gingen bei Kreistagswahlen regelmäßig zwei

Champions dieser Partei von Wirtschaft zu Wirtschaft und erklärten den Stammtischen, was zu tun sei. Ihre Wahlreden waren sehr kurz und gipfelten stets in der eindeutigen Empfehlung: »Drei Stimme gebet er em Otto, drei mir, und mit de andere drei send er frei, do kennet er mache, was er wellet. Alles klar?«, und so wurde dann auch gewählt.

»Not« kennt kein Gebot

In die geschlossene Welt der Ortsvertretungen mancher Dörfer brach schon nach dem Krieg ab und zu ein Reigschmeckter ein, wenn sich die Heimatvertriebenen und Flüchtlinge solidarisch verhielten. Meistens aber blieb der »Ortsadel« mehr oder weniger unter sich. Daher war es auch seit Menschengedenken in einem kleinen Dorf in »Groß-Horb« üblich, daß die größte Sippe den Ortsvorsteher stellte und der Ortschaftsrat sich im wesentlichen aus den übrigen drei, vier großen Familien zusammensetzte.
In den siebziger Jahren, als die heile Horber Welt schon durch viele Zuwanderer »unterwandert« worden war, geschah es, daß bei einer Wahl die Herrschaft des bewährten Ortschaftsrates

»Weiß« und seiner Spezis durch einen »Newcomer« namens »Gelb« ernsthaft gefährdet wurde. »Weiß«, ein alter Bauer, verließ sich auf seinen großen Anhang, während »Gelb« sehr geschickt vorging und vor allem auch die Jungwähler und die Frauen flattierte. Alles sah mit Spannung der Wahl entgegen; man befürchtete zwar nicht »den Untergang des Abendlandes«, aber doch der alten Tradition im Dorf. Doch ein ehemaliger Gemeinderat aus dem »inneren Kreis« des Dorfes, der die Stimmen auszählte, behielt die Nerven. Bei jedem zweiten Stimmzettel, der auf »Franz Gelb« lautete, sagte er mit fester Stimme »Josef Weiß«, drehte den Stimmzettel um und legte ihn auf das Häufle zu den Stimmen von »Weiß«. Mit dieser unkonventionellen Methode gelang es dann, die Herrschaft von »Josef Weiß« zu sichern, der fröhlich noch eine weitere Amtsperiode mitregierte.

Wo kein Kläger, da kein Richter, und hätte nicht einer der Beteiligten fast 20 Jahre später geplaudert, hätte es nicht einmal Karl Napf erfahren.

Trau, schau, wem!

Wer sich entschließt, Gemeinderat zu werden, ist in der Regel ein demokratisch besonders engagierter Mann oder, in wachsendem Maße, auch eine Frau. Das Freizeitopfer dieser »Aktivbürger« ist nicht gering zu schätzen, und mancher dieser Mandatsträger ist in den Sitzungen erstaunt, welch hohes Maß an »Frustrationstoleranz« ihm abgefordert wird. Redlich plagen sich die meisten in den oft zermürbenden Sitzungen, die durch die Politisierung der Rathäuser heute oft viel giftiger ausfallen als früher.

Wie in jeder menschlichen Gemeinschaft gibt es aber auch unter den Gemeinderäten schwarze Schafe, die sich weniger für das Gemeinwohl verkämpfen und statt dessen stets den eigenen Geldbeutel im Visier haben.

Ein solches schwarzes Schaf, das ein besonders einnehmendes Wesen besaß, war ein Architekt in einer nordbadischen Kreisstadt, dessen Frau zur Abrundung des Einkommens ein Immobilienbüro besaß. Hervorragend verstand er, die Berufe von sich und seiner Frau mit seinem Mandat zu vereinbaren, doch Insider durchschauten seine Machenschaften rasch und rieten jedem, der mit ihm ein Geschäft machen wollte, vorsorglich: »Des kannsch mache, aber wenn ihm d' Hand gibsch, solltsch drauf achte, daß hinterher no alle fünf Finger dro hascht.«

Die alt' Sach'

Bei der Kommunalwahl 1989 wunderte sich in einem stattlichen Dorf im Nordschwarzwald ein noch nicht lange Zugezogener, daß ein Alteingesessener, den er für eine der achtbarsten Persönlichkeiten im Dorf gehalten hatte, verhältnismäßig wenig Stimmen auf sich hatte vereinigen können.
Als er sich beim Stammtisch nach den Ursachen erkundigte, wollten seine Bekannten mit der Sprache nicht recht heraus. Schließlich meinte einer von ihnen vielsagend: »Des isch halt noch wege dere alte Sach.« Neugierig geworden, bohrte der mit den strengen Sitten im Nordschwarzwald noch nicht Vertraute nach und erhielt schließlich die Antwort: »Der sell isch halt in de siebziger Johr mit der Kindergärtnerin nebenaus, und des hot mer ihm no net verziehe.«

Canvassing

Mit der Übernahme amerikanischer Praktiken in Wahlkämpfen war man bei uns nie zimperlich, galt den Politikern doch nicht nur auf diesem Gebiet lange alles, was aus den USA kam, als der Weisheit letzter Schluß. Recht unterschiedlich sind dabei die Erfahrungen mit dem sogenannten »Canvassing«, d. h. im Herumziehen der Kandidaten von Haus zu Haus und dem Aufsagen eines Sprüchles an der Türe der oft sehr verblüfften Hausbewohner. Gute Erfahrungen machte ein Kandidat in einem Horber Teilort, der seine Erfahrungen so zusammenfaßte: »I ben bei de Baura gsei. I ben vom Stall komme ond han me nemme gwäscht. Ond wo i no mit dem Stallgschmäckle akomme bin, isch des ganz vo selber glaufe.«

Pech hingegen hatte ein Bürgermeisterkandidat in einer großen ehemaligen Freien Reichsstadt im Mittleren Neckarraum, der schon Monate vor der Wahl fleißig Klinken putzte und die schaffigen Neckarstädter zu der Frage veranlaßte, ob er denn überhaupt »kei Gschäft« habe. Prompt fiel er durch.

Die geheime Wahl

Auf dem Rathaus eines kleinen Dorfes auf der Ostalb erschien vor jeder Wahl ein Landwirt und holte – obwohl er nie verreiste – für sich und seine Frau die Briefwahlunterlagen ab, die er daheim dann auch allein ausfüllte. Seine Frau, die sich dieses Verfahren um des lieben Friedens willen seit Jahrzehnten hatte gefallen lassen, muckte vor der letzten Wahl aber doch einmal auf und meinte, dieses Mal käme es scheints auf jede Stimme an, da wolle sie jetzt doch einmal wissen, was sie eigentlich immer wähle. Doch ihr von solch zaghaften Emanzipationsbemühungen unbeeindruckter Ehemann erwiderte ihr ungerührt: »Maria, weisch, des geht net, bei ons in Deutschland herrscht schließlich die geheime Wahl.«

Rund um's Rathaus.

Der Intellektuelle als Volkszähler

In den Dörfern um die Universitätsstädte herum ist man an junge Akademiker und ihre Kaprizen durchaus gewöhnt. Rarer sind solche »Persönlichkeiten in spe« im eigentlich ländlichen Raum, wo sie aber, zumeist als Gatte von Lehrerinnen, durchaus nicht mehr ganz selten sind. Einer dieser »Herren« war einem Ortsvorsteher in einem Dorf bei Horb durch seine heftige Kritik an der Gemeindepolitik gehörig auf die Nerven gegangen.
Als kleine Rache teilte ihn der Schultes bei der Volkszählung 1970, die ja viel friedlicher verlief als die von 1988, als Zähler ein. Mangels Ausrede fügte sich dieser »Reigschmeckte«, der dazu noch ein »Nordlicht« war, der lästigen Pflicht, nahm aber vorsorglich seine Ehefrau zum Zählen als Dolmetscherin mit, was sich auch als nötig erweisen sollte. Mühsam sammelte der Herr Referendar die Bögen ein, die von der Dorfbevölkerung recht eigenwillig ausgefüllt worden waren, was Anlaß zu heftigen Disputen gab. Höhepunkt der statistischen Basisarbeit wurde dann am Ende des Zählgangs die Auseinandersetzung mit einer betagten Frau, die in einem etwas baufälligen Häuschen am Dorfrand wohnte. Es war mittlerweile dämmrig geworden, als

der Volkszähler, schon etwas genervt durch seine bisherigen Erfahrungen, klingelte. Auf das dritte Läuten erschien schließlich die alte Bewohnerin des Hauses am Fenster, und der Hilfsstatistiker schnarrte sein Sprüchlein herunter, wozu die Adressatin nur bemerkte: »Des goht net, i be scho auszoge!« »Was heißt ausgezogen, Sie wohnen doch noch hier«, schallte es ihr entgegen. »Aber i bin halt scho auszoge«, war die klägliche Antwort. So ging es noch eine Weile hin und her, bis die vermittelnde Ehefrau ihrem Mann erklärte, die Frau sei doch schon im Nachthemd, und das Häusle könne er doch auch morgen noch aufschreiben.

Scharfe Rechner

Vorab sei es gesagt: Horb ist nicht Schilda. Andererseits dürfte auf keine andere baden-württembergische Stadt ein Werbespruch passen wie: »Besuchen Sie die Welt der sechziger Jahre, kommen Sie nach Horb.« In diesem etwas rückständigen und für manche gerade deshalb so liebenswerten Neckarstädtchen lebt man freilich nicht auf allen Gebieten hinter dem

Mond, und auch die überaus zeitgemäße Bauspekulation treibt hier ihre Blüten, freilich à la Horb.

So beschwerte sich vor einiger Zeit ein Bauherr in einem Teilort darüber, daß die von der Gemeinde verkauften Bauplätze gar so klein parzelliert wären. »Sie müsset au an d' Gemeindekass' denke«, hielt man ihm vor, »je meh Bauplätz, desto meh Geld kommt in d' Kass'.« »So, so«, meinte der Bauherr, »und i Dackel han g'meint, des ging nach Quadratmeter!«

Fluch der Verwaltungsreform

Auch dort, wo die Gemeindereform nicht zu sinnvollen Ergebnissen geführt hat, ist der Protest inzwischen längst verhallt. Der Mensch gewöhnt sich eben an (fast) alles. In den siebziger Jahren hingegen standen in vielen Gemeinden, die ihre jahrhundertealte Selbständigkeit verlieren sollten, die Zeichen auf Sturm, und die Wogen der Empörung gingen hoch.

Freilich gab es neben vielen berechtigten Vorwürfen gegen die Technokraten in Stuttgart auch manchen skurrilen Einwand zu hören. So beschwerte sich eine Bürgerin aus einer Ostalbgemeinde damals im Süddeutschen Rundfunk mit den Worten: »Vor der Eingemeindung hen mir in der Hölderlinstroß g'wohnt, den hot jeder kennt, und jetzt send mer auf einmal in der Gottlieb-Maier-Stroß' g'landet. Mir hend im Lexiko guckt, 's gibt überhaupt kein Gottlieb Maier, do sieht mer doch, daß die ganz' Gemeindereform a ausgemachter Schwindel ischt.«

Sparsamkeit auf dem Rathaus

Kenner der Szene haben die württembergische Verwaltung einmal als »sparsam, dafür aber nicht wirtschaftlich« geschildert, und das galt lange auch für die Gemeindeverwaltungen. An Büroklammern, Briefumschlägen und Toilettenpapier wird noch heute auf vielen Rathäusern gespart, und von einem eingemeindeten Teilort in Horb ist bekannt, daß der alte Ortsvorsteher gern die Post selbst zur Zentrale in die Kernstadt bringt. Dies spart Porto, führt aber durch den anschließenden Wirtshaushock dazu, daß das Rathaus einen halben Tag auf den Schultes verzichten muß.

Wie gut spargewohnte schwäbische Bürgermeister sich im übrigen auch in anderen Verwendungen bewähren, bewies 15 Jahre lang der Ex-Schultes Ulrich Schäfer beim VfB. Er überprüfte nicht nur den mäßigen Verbrauch der clubeigenen Büroklammern, sondern feilschte auch bei Millionendeals mit Spielern noch um die Zahl hinter dem Komma. Wie im Kleinen so im Großen. Anerkennend vermerkte bei seinem Abschied die »Stuttgarter Zeitung«, es gebe kaum einen Spieler, den er nicht »gewinnbringend wiederveräußert« habe, und wenn er vom Hof fahrend noch Licht beim VfB gesehen habe, sei er zurückgegangen und habe es ausgemacht.

Weniger Skrupel in dieser Beziehung hatte ein Stadtpfleger, der als Pfennigfuchser bekannt war und jeden Briefumschlag mehrfach verwendete. Ging er abends heim, ließ er das Licht brennen, denn »d'Leut sollet sehe, wie fleißig i ben und bis end Nacht nei no schaffa muß«. Ein Verhalten, das übrigens auch heute in manchen Ministerien noch beobachtet werden können soll.

Schwieriger Beruf

Bevor die Industrialisierung in vielen Regionen die Bauern vertrieb und die künstliche Besamung durch die »Rucksackbullen«, das heißt

Tierärzte mit Spritze, aufkam, spielten der Gemeindefarren und der Farrenwärter eine wichtige Rolle auf dem Dorf. Der Farren wurde höchstpersönlich vom Bürgermeister, begleitet von erfahrenen Landwirten, auf den Märkten in Mosbach oder Herrenberg gekauft, und wehe er kam seiner »Pflicht« nicht gehörig nach!

Seinen Pflichten nachkommen, das heißt den Farren warten und »einsatzbereit« halten, mußte auch der Farrenwärter. Zu weit gegangen sein dürfte aber ein Farrenhaltungsvertrag im Südbadischen, der bestimmte: »Der Farrenwärter hat sich zu den Sprungzeiten bereitzuhalten.« In diesem Landesteil scheinen bezüglich der Farrenhaltung auch sonst eigenartige Sitten bestanden zu haben, vermerkt doch ein Gemeinderatsprotokoll aus dem Süden des Landes: »Im Anschluß an die Verabschiedung des Schulleiters war sich der größte Teil des Gemeinderats über die Anschaffung eines neuen Farrens einig.«

Schwieriger Auftrag

Ministerpräsident Dr. Filbinger besuchte einmal im Beisein kommunaler Vertreter das St. Josephs-Krankenhaus in Freiburg. Danach soll

es zu einem »Vermerk« seines Persönlichen Referenten gekommen sein, der in einschlägigen Beamtenkreisen geradezu berühmt wurde.
Er lautete: »Der Herr Ministerpräsident besuchte am ... das St. Josephs-Krankenhaus in Freiburg. Die Oberschwester beklagte sich dabei, daß zu wenig Liebe unter den Menschen sei. Der Herr Ministerpräsident stimmte dem zu. Abteilung III wird gebeten, das Erforderliche zu veranlassen!«

Späte Reue

Überall auf der Welt gibt es Friedhöfe, aber nirgendwo herrscht dort so eine perfekte Ordnung wie auf deutschen »Gottesäckern«, geregelt durch »Friedhofsordnungen«. Immer wieder werden die Gemeinden aber mit Sonderwünschen behelligt, die angesichts des Schmerzes der Trauernden nach Möglichkeit auch erfüllt werden.
Zu weit ging aber in einem kleinen Dorf im Nordschwarzwald dem Bürgermeister das Anliegen der Witwe eines wesentlich älteren Mannes, die verlauten ließ, sie wolle nach ihrem Ableben neben ihrem Manne liegen, wo aber

ausgerechnet ein großer Baum stand. Nachdem im Dorf bekannt war, daß sie während ihrer Ehe höchst ungern neben ihren »Ma naglega« war, meinte der Schultes, dazu hätte sie zu Lebzeiten ihres Mannes genug Zeit gehabt und verweigerte ihren Wunsch. So kann man mit den alten Römern nur sagen: »Carpe diem noctemque«, das heißt »genieße den Tag, aber auch die Nacht« – zu Lebzeiten.

Ehre vor Gehalt

Das öffentliche Dienstrecht ist gekennzeichnet durch die verschiedenen Laufbahnen der Beamten, Angestellten und Arbeiter, was schon zu manchem Hader und auch zu recht zufälligen Ergebnissen geführt hat. So entschloß man sich vor einiger Zeit in einer traditionsreichen Stadt im Remstal, als die Besoldung der einfachen Angestellten einmal günstiger war als die vergleichbarer Arbeiter, aus Gründen der Fürsorge die Mitarbeiter des Bauhofs zu Angestellten zu machen. Ein paar Jahre später änderte sich das Tarifrecht, und die Stadt war bereit, die betroffenen Angestellten wieder als höher bezahlte Arbeiter

einzustufen, wozu diese selbstverständlich auch bereit waren.
Aber man hatte die Rechnung ohne ihre Frauen gemacht. Diese erklärten nämlich zum Erstaunen des städtischen Personalchefs: »Als unsere Männer Ang'stellte waret, hen mers so scheeh ghet. Wenn unsere Männer jetzt wieder Arbeiter werdet, kenntet mir jo net amol meh mit em Hütle auf de Wochemarkt, drum solls bleibe, wie 's ischt.«

Staatstreuer Odenwald

»Badisch Sibirien« hat einen recht spröden Charme, was jeder strafversetzte Beamte oder Bundeswehrsoldat, den es dorthin verschlägt, gern bestätigen wird. Zwar spricht man vom Bauland nicht mehr als »Notstandsgebiet« wie nach dem Zweiten Weltkrieg und auch nicht mehr vom »ohnehin armen Odenwald« wie noch im 19. Jahrhundert. Trotz aller Regionalförderung ist der Reichtum der dortigen Menschen aber noch immer recht »überschaubar«.
Das Selbstbewußtsein der Bewohner des Mittleren Neckarraums ist den Odenwäldern noch fremd, und entsprechend hoch ist ihr Respekt

vor der Stuttgarter Regierung. Dies drückt sich nicht nur in den Wahlergebnissen aus, sondern auch an symptomatischen Kleinigkeiten. Als zum Beispiel die Vertreter der regionalen bäuerlichen Freilichtmuseen in Baden-Württemberg darüber berieten, ob ein gemeinsamer Werbeprospekt das Staatswappen tragen solle, winkten die stolzen Vertreter aus Württemberg und Südbaden nur müde ab. Der Vertreter des Odenwalds meinte aber, das Wappen müssen unbedingt drauf, denn wenn bei ihnen etwas vom Staat komme, hätten die Bürger gleich mehr Vertrauen dazu. Glücklicher Odenwald?

Überzeugend

Die Tragik des Rechnungshofs und der Rechnungsprüfung allgemein liegt darin, daß sie an den einmal eingetretenen Fakten nichts mehr ändern können und die moralische Wirkung einer Rüge bei den Betroffenen oft nicht lange vorhält oder gar nicht erst eintritt.
Manchmal fallen die Beanstandungen auch in der Tat etwas kleinlich aus und werden dann von den Übeltätern gar nicht erst ernst genommen.

So wurde einmal ein oberschwäbischer Landrat gerügt, weil er für die Vorhänge seines Dienstzimmers einen Stoff gewählt hatte, der nach den »Ausstattungsrichtlinien« erheblich zu teuer war. Aufgefordert, Stellung zu beziehen, warum er ausgerechnet diese teuren Vorhänge gewählt habe, antwortete er kurz und bündig: »Weil sie mir gefallen haben.«

Museen und Moral

In einer südbadischen Gemeinde befindet sich ein bekanntes Museum, das der Stolz der ganzen Region ist und sich regen Zuspruchs erfreut. Als Museumsdirektor und Bürgermeister vor einiger Zeit den hunderttausendsten Besucher der Saison im Museum groß herausstellen wollten und zu seinem Empfang auch die Presse nebst Fotografen angerückt war, erlebten diese freilich eine Überraschung. Der zu Ehrende winkte nämlich erschreckt ab und meinte, das dürfe ja nicht in die Zeitung kommen, er sei auf einer Geschäftsreise, und wenn sein Chef lese, daß er unterwegs Museen besuche, sei der Teufel los. Beim zweihunderttausendsten Besucher gab's eine ähnliche Panne. Als man gerade ein Bildle machen wollte, bedeutete dieser nämlich diskret, er sei ganz privat da, und die Frau, die er dabei habe, sei nicht seine eigene.

Und die Moral von der Geschichte? Wer keine lupenreine Moral hat, ist scheints nicht einmal in einem Museum mehr sicher, nicht ertappt zu werden.

Für die Museen ist zu hoffen, daß sie auch genügend seriöse Besucher haben und außerdem – es wird ja auch bloß alle hunderttausend Besucher eine Ehrung durchgeführt.

Das Gottesurteil

Der Heuberg gehört zu den Regionen im Land, die traditionell etwas »schwärzer« sind als andere, was vielleicht auch damit zusammenhängt, daß er nicht gerade im Mittelpunkt des Weltgeschehens steht. So war es ein kühner Akt, als sich ein Häuflein Sozialdemokraten entschloß, in einer besonders schwarzen Heuberggemeinde einen Ortsverein der SPD zu gründen.

An einem schwülen Sommerabend kam der Kreisvorsitzende aus der Kreisstadt angereist, um den Gründungsakt durchzuführen. Im Versammlungslokal hatten sich die wenigen Anwesenden soeben einstimmig für einen sozialdemokratischen Ortsverein in ihrer Gemeinde ausgesprochen, und der Kreisvorsitzende stellte offiziell fest: »Somit ist der Ortsverein der SPD in X gegründet.« Im selben Augenblick ertönte ein furchtbarer Donnerschlag, so daß alle im Lokal erschrocken zusammenfuhren. Nur der Wirt behielt die Nerven und meinte trocken: »Die anderen haben scheints doch den besseren Draht nach oben.«

Eigentor

Die Zeit, wo auf Regierungsbeamte aus Stuttgart in Bad Mergentheim geschossen wurde, ist längst vorbei, auch wenn die Herren aus der »Kolonialhauptstadt« dort und in Hohenlohe allgemein noch immer etwas argwöhnisch betrachtet werden. Auch bekommen die Stuttgarter heute noch den Vorwurf zu hören, die Württemberger hätten bei der Einverleibung Hohenlohes 1805 das Mergentheimer Schloß geplündert und die Beute bis heute nicht wieder herausgegeben.
Besonders schlechte Erfahrungen mit dem Mergentheimer Rathaus muß aber ein Stuttgarter

Ministerialrat im Ministerium für Wissenschaft und Kunst gemacht haben. Als nämlich ein Staatssekretär aus dem Finanzministerium bei ihm anrief, um sich wegen eines bevorstehenden Termins in Bad Mergentheim nach einem Vorgang zu erkundigen, sagte jener vorsorglich: »Herr Staatssekretär, vor dene Mergentheimer muß ich Sie warne, des isch a Rass' für sich.« Worauf der Staatssekretär lapidar erwiderte: »Das brauchen Sie mir nicht zu sagen, ich bin Mergentheimer.«

Das Bollwerk

Als ein Stuttgarter Staatssekretär einmal Oberschwaben besuchte, bedauerte er, daß er so selten in diese gesegnete Region komme. Ein Kommunalpolitiker meinte dazu, das sei zwar bedauerlich, aber manchmal wirke die Schwäbische Alb wie ein Bollwerk, das der Herrgott für die Oberschwaben gegen Stuttgart aufgerichtet habe. Der Staatssekretär war jedoch nicht auf den Mund gefallen und meinte lächelnd: »Zum Glück ist dieses Bollwerk nicht so hoch, als daß die Stuttgarter Zuschüsse nicht immer noch hinüberkommen.«

Recycling

Bevor es üblich wurde, daß die Omas die Sparschweine ihrer Enkel zu Tode füttern und der Nachwuchs immer »flüssig« ist, hatten Kinder auf dem Lande stets ein großes Interesse an einem kleinen Nebenverdienst, um ihrem Bedarf an Schlotzern, Kaugummis und Cola abzuhelfen. Sehr beliebt war zum Beispiel das Sammeln von Schnecken und vor allem von Wühlmäusen, deren Schwänzle als Trophäe auf dem Rathaus gegen gutes Geld eingelöst werden konnten. Nicht überall wurde es den Wühlmausjägern aber so leicht gemacht wie in einer hochgelegenen Gemeinde im Großraum Horb, die schon bedeutende Männer, aber auch so manches Schlaule hervorgebracht hat. Ein solches Nachwuchsschlaule hatte herausgefunden, daß die Rathausbediensteten die abgelieferten Wühlmausschwänzle – wo soll man auch hin damit? – kurzerhand durchs Fenster auf die Miste hinter dem Rathaus warfen. So sammelte dieses junge Talent die Schwänzle alsbald wieder auf der Miste ein und kassierte am nächsten Tag von neuem. Millionär ist er mit dieser Methode freilich nicht geworden, denn nachdem das Geschäft ein paar Tage gut gelaufen war, wurde er beim »Recycling« beobachtet, und alles kam heraus. Er hat es überlebt.

Darüber lacht nicht nur der Schweizer

Gottfried Keller war nicht nur ein hervorragender Schweizer Schriftsteller, dessen Werke heute noch lesenswert sind, sondern er war auch, was vielen nicht mehr bewußt, von 1861 bis 1876 ein gewissenhafter Staatsschreiber von Zürich. Von den trockenen Sitzungen erholte er sich anschließend gern durch etliche Viertel Veltliner. Einmal hatte er dabei des Guten allerdings zu viel getan und konnte beim besten Willen sein Haus in der Zürcher Altstadt nicht mehr finden. In seiner Not wandte er sich an einen Polizisten und fragte ihn mit letzter Kraft, wo denn der berühmte Gottfried Keller wohne. »Aber, das sind Sie doch selbst« antwortete jener verblüfft. Worauf ihm Keller mühevoll entgegnete: »Das weiß ich auch, aber wo ich wohn, will ich wissen.«

Der Vorwand

Daß der Pfarrer und der Bürgermeister in ländlichen Gemeinden eng zusammenarbeiten, ist nicht ungewöhnlich und hat auf dem Lande eine lange Tradition. So kommt es auch immer wieder vor, daß sie zusammen essen und daß dann reichlich aufgetischt wird. Der katholische Pfarrer eines Horber Teilortes machte sich diesen Brauch freilich zunutze, um seine Eßlust zu tarnen. Von Zeit zu Zeit wies er seine Haushälterin an, gut und viel zu kochen, weil der Schultes zum Essen käme. Dieser kam oft aber nicht, weil er gar nicht eingeladen war, so daß Hochwürden nach angemessenem Warten sich immer die begehrte zweite Portion genehmigen konnte, was ihm in Anbetracht seiner wenigen weltlichen Freuden aber durchaus gegönnt sei.

Der Mausschwanzfabrikant

Im Land der Tüftler wundert es einen nicht, daß auch der »kleine Mann« sich den Kopf zerbricht, wie er durch eine gute Idee zu Geld kommen kann. Da hat doch zum Beispiel im Oberschwäbischen vor einiger Zeit eine Landgemeinde eine Wühlmausbekämpfungsaktion gestartet und jedem, der einen Wühlmausschwanz abgeliefert hat, aus der Gemeindekasse 0,80 DM ausgezahlt. Ein armer Rentner tat sich dabei besonders hervor und lieferte fast jeden Tag ein Dutzend Schwänzle ab. Das Fräulein auf dem Rathaus, das sich zu Höherem berufen fühlte als zum Mausschwanzzählen, sah die Schwänzle gar nicht genau an, sondern warf diese gleich in den Mülleimer und zahlte die Prämie aus. Der fleißige Wühlmausjäger hatte schon an die 150 DM kassiert, und das Geschäft hätte noch eine Weile weitergehen können, wenn nicht einmal zufällig der Ortsvorsteher dazugekommen wäre. Als hauptberuflichem Landwirt kamen ihm die Schwänzle gleich etwas merkwürdig vor, und wie er sich einen genauer ansah, merkte er, daß es gar keine Wühlmausschwänze waren, sondern graue Filzstreifen, die der Rentner etwas gezwirbelt hatte.

Es hat dann sogar eine Gerichtsverhandlung gegeben, bei der sich herausstellte, daß der gute Mann seinen alten Filzhut in Streifen geschnitten hatte, um damit einen Reibach zu machen. Sogar der Staatsanwalt war beeindruckt, und das Gericht nahm's von der lustigen Seite und ließ den armen Schlucker mit einem kleinen Denkzettel wieder laufen. Das Fräulein an der Kasse aber wurde vom Ortsvorsteher zum Augenarzt in die Kreisstadt geschickt, der dann auch prompt feststellte, daß sie ziemlich kurzsichtig war.

Besitzerstolz

Zwischen den Baden-Württembergern und den Schweizern gibt es gar manche gemeinsame Eigenschaften, zum Beispiel die Liebe zum Besitz, die bei den südlichen Nachbarn sogar noch etwas ausgeprägter ist. So zählte zu den kommunalen Errungenschaften der Gemeinde Ernen im Wallis noch im 19. Jahrhundert ein sehr stabiler Galgen. Als nun die Nachbargemeinde einmal wegen eines Defekts ihres Galgens einen Übeltäter in Ernen aufknüpfen wollte, holten sie sich dort auf dem Rathaus überraschend einen Korb, denn der Bürgermeister erklärte ihnen stolz: »Nei, des goht nüht, der Galgen isch für uns und unsere Kinder!«

»Der Fetze ischt hauße, der Lomp ischt do!«

In den Kerngebieten Baden-Württembergs ist von der früheren Adelsherrschaft wenig übriggeblieben. Zwar ist an mancher Firma noch diskret ein »Fürst« beteiligt, relevanten Einfluß aber hat der Adel nur noch in Oberschwaben und in Hohenlohe. Im Hohenlohischen ist man immer noch stolz, in fast jedem Dorf ein Schloß zu haben. Sehr unterschiedlich gestalteten sich dort freilich die Verhältnisse der »Untertanen« zu ihrer »Herrschaft«. Da gab es Bauern, die ihrem Herrn Darlehen zur Mitfinanzierung gaben, damit dieser sein Schloß errichten konnte, und in Öhringen kam es sogar vor, daß bei einer Festversammlung ein »kleiner Mann« zu vorgerückter Stunde dem »Fürst« das »Du« anbot, weil sie »Milchbrüder« wären und der Fürst seine Mutter als Amme gehabt hätte. Ganz so idyllisch scheint es aber nicht überall zugegangen zu sein. War die »Herrschaft« auf dem Schloß, was an der aufgesetzten Fahne zu erkennen war, hieß es nämlich auf den hohenlohischen Dörfern bezeichnenderweise: »Der Fetze ischt hauße, der Lomp ischt do.«

Die "gute" alte Zeit.

»Majestät, der Tag ischt scho heh!«

Die nachfolgende Anekdote ist in verschiedenen Versionen im Lande Baden-Württemberg bekannt. Die nachstehende Fassung hat den Vorteil, daß sie in Vaihingen/Enz historisch belegbar ist.
»Der Telegraph« hatte dem Vaihinger Stadtschultheißen gemeldet, daß das württembergische Königspaar (nach der Legende waren es Karl und Olga) mit der Kutsche von Stuttgart nach Maulbronn fahren und Vaihingen/Enz passieren würden. Schnell schrieb der Schultes ein Grußwort, legte es in den Zylinder, zog seinen Festrock an und stellte sich bei der »Oberen Apotheke« am Marktplatz auf. Alsbald nahte das Königspaar, und artig wurde die »Huldigung« und eine Einladung zum Verweilen in der Stadt vorgetragen. König Karl beugte sich aus der Kutsche, dankte dem Stadtschultheißen und begründete seine Eile mit dringenden Beratungen in Maulbronn, wobei er huldvoll mit dem Satz schloß: »Sie können jetzt wieder Ihren Amtsgeschäften nachgehen!« Der Kutscher knallte mit der Peitsche, bevor es aber abging, entfuhr es dem würdigen Stadtoberhaupt spontan und lauthals: »Majestät – der Tag ischt scho heh!«
Dies mag auch heute noch mancher Bürgermei-

ster bei den Blitzbesuchen der Minister oder gar des Ministerpräsidenten denken, ob er es aber auch aussprechen würde?

Auftrag ausgeführt!

Im Königreich Württemberg, als es anstelle der Landkreise noch die vielgerühmten Oberämter gab, visitierte einmal ein »königlicher Oberamtmann« ein Dorf bei Horb, an der Grenze zum »Zollerischen«, in dem sich am Dorfrand seit altersher immer wieder Landfahrer aufhielten. Der gestrenge Oberamtmann war mit dem Zustand des Dorfes und der Ordnung auf dem Rathaus recht zufrieden, meinte dann aber beim Abschluß der Ortsbesichtigung zum Schultes, die Landfahrer hätten ihn doch etwas gestört, man möge sie doch »entfernen« und der Schultes solle in 14 Tagen über den Vollzug berichten, was dieser auch tat.
Sein Bericht fiel freilich etwas mißverständlich aus, denn er lautete: »Die beanstandeten Landfahrer sind abgezogen; seit Ihrem letzten Besuch hat sich auch kein Landfahrer mehr in N. blicken lassen.«

»So weit nauf hätt ich net amol denkt.«

Dieses »geflügelte Wort« gehört zu den Klassikern unter den Anekdoten in der württembergischen Kommunalverwaltung und zeigt das Spannungsfeld zwischen den früheren Bauraschultes und den königlichen Oberamtleuten, das sich heute in gemilderter Form zwischen den Bürgermeistern und den Landräten fortsetzt. Der historische Sachverhalt, der diesem vielzitierten Wort zugrunde liegt, ist folgender: Der königliche Oberamtmann hoch zu Pferd suchte den Schultheißen in einer hochgelegenen Gemeinde auf, um ihm einige Versäumnisse vorzuhalten. Das Rathaus war – wie im Sommer üblich – leer, aber schließlich fand er den Schultes auf dem Acker arbeitend vor. Vom »hohen Roß herunter« hielt der Oberamtmann dem Schultes vor, daß er trotz wiederholter Mahnungen verschiedene Berichte und Antworten auf Erlasse dem königlichen Oberamt noch nicht übermittelt habe und herrschte den Landwirt mit den Worten an: »Sie haben wohl gedacht, der Oberamtmann da unten im Tal kann ihnen den Buckel herunterrutschen.« Die Zügel seines Gauls fest in der Hand kam mit trotzigem Blick zum Oberamtmann hinauf die klare Schultesantwort: »So weit nauf hätt ich net amol denkt.«

Stil und Form in alter Zeit

Die auf Lebenszeit gewählten Bürgermeister des 19. Jahrhunderts nahmen sich Freiheiten heraus, die in unserer normierten Gesellschaft geradezu unglaublich wirken. Ein Bürgermeister, der diese Freiheiten besonders auskostete, war der Stadtschultheiß Häselin in Vaihingen/Enz, der auch von einem fruchtbaren Spannungsverhältnis zum königlichen Oberamt geprägt war. Der grobschlächtige, ungehobelte Häselin und der vornehme Oberamtmann Polykarp Pflieger, der stets mit steifem Hut und Stock mit Silbergriff gesehen wurde, machten sich gegenseitig viel Kummer. So auch bei einer Begegnung in einer Vaihinger Weinstube, bei der der Oberamtmann vom trunkenen Stadtschultheiß mit den Worten begrüßt wurde: »Polykarp, hock de no auf dei Drehscheib!« Nach dem ersten Viertel Wein wurde dem Oberamtmann das Geschehen am Tisch zu bunt, und er erklärte: »Meine Herren, hier ist nicht länger meines Bleibens«, was Häselin mit dem gröhlenden Ruf quittierte: »So, jetzt isch er fort, jetzt saufet mer weiter!« Ob ein Bürgermeister heute so mit seinem Landrat umgehen dürfte?

»Der Hut ischt drin!«

Der baden-württembergische Bürgermeister ist heute ein Mann, der recht »ordentlich« verdient, was ihm bei seinen Plagen niemand neiden sollte. Seine Einstufung ist nicht zuletzt ein Verdienst der »Bürgermeister-Fraktion« im Landtag, die über alle Fraktionen hinweg zusammenhält und zum Sachverstand im Parlament erheblich beiträgt. Freilich waren die Schultes im Lande früher nicht so gut gestellt wie heute. Nach einer alten Überlieferung in württembergischen Rathäusern soll deshalb ein schlitzohriger Bürgermeister bei seinem Gemeinderat einmal beantragt haben, seinen neuen Hut von der Gemeinde zahlen zu lassen. Er müsse ja vor jedem Bürger höflich den Hut ziehen, und deshalb sei er sehr schnell abgenützt; ein Argument, das den Gemeinderat aber nicht zur Zustimmung bewegen konnte.
Bei der nächsten Sitzung legte der gewitzte Bürgermeister dann für eine Dienstfahrt nach Stuttgart eine umfangreiche, detaillierte Reisekostenrechnung vor, die vom Rat großzügig bewilligt wurde, da bei dieser Fahrt ein stattlicher Landeszuschuß für ein kommunales Projekt herausgesprungen war. Höflich dankte

der Schultes für die Reisekosten und fügte knitz hinzu: »Der Hut ischt drin!« Seither zirkuliert dieser Spruch noch immer auf den Rathäusern im Lande, wenn man einen kleinen Reibach gemacht hat.

Hört, hört!

Da für manche Landeskinder die Landesgeschichte erst 1952 mit der Gründung des Landes Baden-Württemberg, oder gar erst mit dem Regierungswechsel 1978 beginnt, sei vorsorglich darauf hingewiesen, daß die Landeshauptstadt Stuttgart »zu Königs Zeiten« einmal eine sozialistische Hochburg war.
Dementsprechend wurde auch 1892 der Sozialdemokrat und Obersteuerrat Emil Rümelin zum Oberbürgermeister gewählt.
Der preußische Gesandte berichtete den unerhörten Vorfall nach Berlin, und Kaiser Wilhelm II. schrieb höchst dero selbst (vermutlich mit Grünstift) an den Rand des Berichts: »Ein Obersteuerrat, der Sozialist ist, gehört eigentlich auf den Hohen Asperg.«
Man sieht, auch Kaiser können irren, und inzwischen hat es in Stuttgart sogar schon Finanzmi-

nister gegeben, die Sozialdemokraten waren, ohne daß das Land Schaden genommen hätte.

»Einnahmen aus dem Verkauf von Pflastersteinen«

Dem Jahr 1968 mit all seinen politischen und gesellschaftspolitischen Erscheinungen gerecht zu werden, ist nicht einfach. Zum einen trat damals ein sehr moralisch geprägtes Engagement der Jugend zutage, zum anderen verwirrten Karl Marx und der Vorsitzende Mao die Hirne vieler Jungakademiker nicht wenig.
Einer der Hauptangriffspunkte der bürgerlichen Kritik an den »68-ern« war, neben ihrem revolutionären »outfit«, daß manche von ihnen sich selbst gegen so geheiligte Einrichtungen wie das Privateigentum wandten und in Universitätsstädten das »Klaufen«, eine Mischung zwischen »Einkaufen« und »Klauen«, praktiziert wurde.
Allein, diese Phänomene blieben alle vorübergehend, und die meisten »68-er« fielen den Verlokkungen des Besitzdenkens zum Opfer oder wurden beim »Marsch durch die Institutionen« von der Bürokratie langsam aber sicher integriert.
Um so auffallender war es, daß noch am Beginn der achtziger Jahre ein Studienrat eines Gymna-

siums am oberen Neckar auf die Idee kam, die Steine für die Einfahrt seines neuen Häusles ausgerechnet beim Städtischen Bauhof zu »klaufen«, was die Gemüter in der Stadt nicht wenig erregte, da das Delikt natürlich nicht verborgen blieb. Dennoch verzichtete man auf einen großen Spektakel vor Gericht, gehörte der ehemalige »68-er« als Studienrat doch inzwischen selbst dem Establishment an. So begnügte man sich mit einem gehörigen Schadenersatz für die Pflastersteine, und Schwierigkeiten hatte nur die Stadtkasse, wie sie das eingegangene Geld verbuchen sollte. Doch vor diesem Problem ist noch nie eine öffentliche Kasse gescheitert, und so buchte man im Haushalt »Einnahmen aus dem Verkauf von Pflastersteinen«, was freilich keine typische städtische Aufgabe ist.

So war's nicht gemeint

Die Einweihung eines Kriegerdenkmals ist in unserer friedlichen Zeit zum Glück sehr selten geworden, stellte aber im Dritten Reich oft einen heroischen Akt dar. Neben verschiedenen militärischen Programmpunkten war bei einer Einweihung des Ehrenmals für die Gefallenen des Ersten Weltkrieges in einer südbadischen Gemeinde am Hochrhein in den dreißiger Jahren natürlich auch das Absingen der Nationalhymne vorgesehen.

Auf dem gedruckten Programmzettel war aber – was auch immer der Setzer gedacht haben mag – zu lesen: »Absingen der Hymen«.

Gebremster Fortschritt

Sparsamkeit ist in Württemberg nicht nur eine Tugend vieler Stadtväter, sondern eine Grundtugend aller Schwaben, die in der Yuppie-Generation freilich abhanden zu kommen scheint.

In den sechziger Jahren war die überkommene stammesgemäße Sparsamkeit denn auch oberstes Gebot eines Rentnerhaushalts in Vaihingen/Enz, weshalb die Familie sehr erbost war, als in ihrer Straße im Zug der neuen Zeit die Wasserspülung eingeführt wurde. Aber nicht nur die Not, auch der aufgedrängte »Luxus« kann erfinderisch machen. So beschlossen die braven Leute , das WC einfach nicht zu benutzen und füllten wie eh und je an der Regentonne im Garten ihre Kanne und postierten sie zum Spülen auf der Toilette, um die Wasserrechnung niedrig zu halten. Ökologisch wäre dies freilich noch heute richtig.

Verlorene Müh

In einer angeblich aufgeklärten Gesellschaft wundert man sich immer wieder, auf welchen Widerstand die Errichtung von Sonderschulen noch immer stößt. In einem Dorf an der hohenlohisch-bayerischen Grenze wollte zum Beispiel einmal ein Abgeordneter sich im Rahmen des Landtagswahlkampfes gerade für eine Sonderschule im benachbarten Kleinzentrum verkämpfen, als er vom Stammtisch heftigen Protest erhielt. Dort saßen ein paar Hausierer und Hilfsarbeiter, denen man ihr soziales Elend ansah, weshalb der tapfere Abgeordnete besonders erstaunt war, als ihr Wortführer ihm mit den Worten konterte: »Zu was a Sonderschul, des braucht's net, des hot's früher au net ge, ond annerweg isch aus jedem von ons no ebbes rechts worde.«

Oh Eitelkeit!

In einem Land mit über 900 Museen wie in Baden-Württemberg ist die Gründung eines neuen Museums an sich kein bemerkenswerter Vorgang. Um so erstaunlicher ist es daher, wenn ein Förderkomitee für ein Museum von seiner Bedeutung so überzeugt ist, daß es sich gewissermaßen als ersten Schritt zum Museum von einem renommierten Künstler in Öl malen läßt. So geschehen unlängst in Südbaden in einer Gemeinde, die nicht nur für Goldfunde, sondern auch für ihre Schulden bekannt ist.
»Bekannte Persönlichkeiten mit tristen Blicken, in kalten Farben und groben Zügen gehalten, starren unfreundlich, in eine Gruppe zusammengeballt, von der Leinwand auf den Betrachter«, schrieb die »Badische Zeitung« zu diesem Bild. Der Maler muß bei der Darstellung der geradezu »sauer« blickenden Honoratioren Hellseher gewesen sein, denn das Museum ist bis zum heutigen Tage nicht recht gediehen, und der Künstler mußte um einen Teil seines Honorars auch noch vergeblich prozessieren.
Zu Ehren der südbadischen Prominenz sei freilich gesagt, daß der Auftraggeber für dieses seltene Kunstwerk ein verstorbener Minister aus dem Württembergischen gewesen sein soll. Die-

ser Umstand bewahrte das Bild freilich nicht davor, jetzt in der Abstellkammer des Rathauses in S. zu stehen. So vergeht der Ruhm der Welt.

Humor im »Dritten Reich«

Im Dritten Reich Humor zu haben, war eine lebensgefährliche Eigenschaft. Es wollte gut überlegt sein, wem man welchen Witz erzählte, und selbst die Narren verzichteten notgedrungen darauf, an der Fasnet Kritik am »System« zu üben. Lediglich auf den Dörfern hatten einzelne Originale noch eine gewisse Narrenfreiheit.
Als bei Kriegsende in einem Teilort Horbs einmal ein »Appell« stattfand, zu dem neben Wehrmacht und HJ, damit der Eindruck nicht gar zu dürftig ausfiel, auch die Vereine antreten mußten, war die »Front« der Antretenden endlich »ausgerichtet«. In diesem Moment schlurfte ein im ganzen Dorf bekannter Spaßvogel zum Ortsgruppenleiter, der gerade zu einer markigen Rede ansetzen wollte, und sagte: »Ja, wia, i sieh bloß de Musik- und de G'sangsverei, wo stoht au mei Viehversicherungsverei?«

Bürgernähe im Dritten Reich

Auch im Dritten Reich grassierte die Titelsucht, was freilich noch der geringste Mangel dieses Systems war, und Abweichungen wurden nicht geduldet. Um so bemerkenswerter war es, daß der Bürgermeister einer kleinen Gemeinde im Hohenlohischen an der Amtszimmertür seines Rathäusles in dieser Zeit ein einfaches Papierschild mit Reißnägeln angeheftet hatte, das schlicht lautete:

»Karl Dolde
Bürgermeister,
ich bitte, mich mit
meinem ehrlichen Namen
Dolde anreden zu wollen.«

Einmal kam der Landrat von Crailsheim, um diverse Amtsgeschäfte anzumahnen. Er forderte unter anderem, dieses Schildle müsse »mit Rücksicht auf die Kollegen« sofort entfernt werden. Der Verwaltungskandidat erhielt den Auftrag, das Schild sofort mit dem Taschenmesser zu entfernen. Aber kaum war der Landrat mit seinem Dienstwagen verschwunden, bekam der »Stift« von seinem Lehrchef mit den Worten »Sia hent doch hoffentlich dia Reißnägel net weggschmissa« die Weisung, die beanstandete Aufschrift »sofort« wieder anzubringen.

So bewies sich Mut im Dritten Reich auch in scheinbar kleinen Dingen.

Der Büttel als Schultes

Als 1945 die Alliierten in Deutschland einmarschierten, waren sie darum besorgt, überall wieder »unbelastete« funktionsfähige kommunale Verwaltungen einzurichten, was nicht überall leicht zu bewerkstelligen war.
So verfielen die Franzosen in einer kleinen Gemeinde am oberen Neckar, deren Bürgermeister im »Dritten Reich« der NSDAP angehört hatte, auf die geniale Notlösung, den bisherigen Büttel zum Schultes zu machen.
Dieser war aber an die Weisungen seines Chefs so gewöhnt, daß er sich jeden Morgen beim alten Bürgermeister die Anweisungen holte, wie das Dorf zu regieren sei.
Im Lauf der Jahre, als auch in Bonn »bewährte« Nazis wieder hoffähig wurden, lockerten sich die politischen Bräuche auch am oberen Neckar, und das Herrschaftsverhältnis wurde wieder umgedreht. Der neue alte Schultes regierte freilich im alten Stil weiter. Bei den Gemeinderatssitzungen durften die Vertreter der Demokratie

nicht am Tisch Platz nehmen, sondern saßen abgesetzt auf einer langen Bank, der »Schranne«, und Schultes und Verwaltungsaktuar wikkelten im Zwiegespräch die Tagesordnung ab. Nach jedem Punkt sah der Ortsgewaltige zu seinem »Rat« hinüber, sagte, »hen er g'hört«, der Gemeinderat nickte, und so ging es weiter.
Inzwischen ist aber auch in diesem Dörfchen die Demokratie eingekehrt, bzw. das, was davon übrigbleibt, wenn ein Ort einmal seine Selbständigkeit verloren hat. Mancher Bürgermeister im Lande mit einem widerborstigen Gemeinderat soll sich freilich ab und zu nach diesen Verhältnissen zurücksehnen.

Pflichtgetreu

Bürgermeister in Baden-Württemberg verdanken ihren Erfolg meist einem recht pragmatischen Vorgehen. Andererseits ist es ihre Pflichttreue, die das Funktionieren eines geordneten Staates erst ermöglicht. Zu genau nahm es jedoch ein schwäbischer Schultes, der noch 1948 eine Statistik ablieferte, in der er unter der Rubrik »Bombenabwürfe über dem Gemeindegebiet« säuberlich vermerkte: »Fehlanzeige«.

Wolfgang Walker
Du, Mutter, wenn ich größer bin
Gedichte von früher – wiederentdeckt in UAwg. 160 Seiten.
Gedichte für jeden Tag und alle Lebenslagen, gesucht und
gefunden in der bekannten SDR-Sendung: »UAwg«.

Wolfgang Walker
Um Antwort wird gebeten
Geschichten von Tieren und Menschen. 115 Seiten. Heitere
und ernste Geschichten um die SDR-Sendung: »UAwg«.
Die schönsten Begebenheiten jetzt im Buch.

Albert Schöchle
Das Schlitzohr
Bekenntnisse eines leidenschaftlichen Gärtners und Tierfreunds. 285 Seiten mit 20 Tafeln. Die schelmischen Memoiren des ehemaligen Direktors der »Wilhelma« und des »Blühenden Barock«.

Gunter Haug
Droben stehet die Kapelle...
Ausflüge in die Vergangenheit Schwabens. 190 Seiten mit 15
Zeichnungen. Erlebte Geschichte auf fünfzig Ausflügen zu
schwäbischen Sehenswürdigkeiten.

Traugott Haberschlacht
Kleine Geschichte(n) von Baden-Württemberg
Verbürgtes, Überliefertes und Erfundenes von der Früh- bis
zur Spätzeit. 238 Seiten mit 16 Zeichnungen. 39 historische Purzelbäume zum Schmunzeln und Nachdenken.

THEISS

Karl Napf
Der neue Schwabenspiegel
208 Seiten mit 14 Zeichnungen. Nicht ganz ernst gemeinte Betrachtungen über schwäbische Leut' von heut', z, B. »Die Kehrwöchnerin«, »Der Daimlerarbeiter«, »Der Häuslebauer«, »Der Tüftler« und viele mehr.

Karl Napf
Der fromme Metzger
Heitere Geschichten aus der Provinz. 196 Seiten mit 14 Zeichnungen. 30 knapp gefaßte amüsante »neue Schwarzwälder Dorfgeschichten«.

Angelika Bischoff-Luithlen
Der Schwabe und die Obrigkeit
Nicht nur Gemütvolles aus alten Akten und schwäbischen Dorfarchiven. 260 Seiten mit 10 Zeichnungen. Der Alltag des »kleinen Mannes« im alten Württemberg und sein Verhältnis zur weltlichen und geistlichen Obrigkeit.

Mord und Todtschlag in Schwaben
Zwei Leichen im Weinberg und andere (zum Glück) nicht alltägliche Kriminalfälle. Entdeckt, bearbeitet und herausgegeben von Diedrich Genth. 160 Seiten mit 65 Abbildungen. Spannende Kriminalfälle aus alten Polizei- und Gerichtsakten: authentisch, hintergründig, unterhaltsam. Mit vielen zeitgenössischen Bildcollagen.

Schwäbisch vom Blatt für Schwaben und andere
Herausgegeben von der Südwestpresse. 321 Seiten. Ein übersichtliches schwäbisches Wörterbuch von A–Z, mit Wörtern und Sprüch', dazu 35 schwäbische Originalrezepte.

THEISS